Hans Oertel

Über den Sprachgebrauch des Pomponius Mela

Hans Oertel

Über den Sprachgebrauch des Pomponius Mela

ISBN/EAN: 9783744619035

Hergestellt in Europa, USA, Kanada, Australien, Japan

Cover: Foto ©ninafisch / pixelio.de

Weitere Bücher finden Sie auf **www.hansebooks.com**

Ueber den

Sprachgebrauch des Pomponius Mela.

Inaugural-Dissertation

zur

Erlangung der Doktorwürde

der

hohen philosophischen Fakultät

der

Friedrich-Alexanders-Universität Erlangen

vorgelegt von

Hans Oertel

aus Bruckberg.

Tag der mündlichen Prüfung: 30. Oktober 1897.

Erlangen 1898.

Druck der Universitäts-Buchdruckerei von E. Th. Jacob.

Vorwort.

Als ich vor einigen Jahren durch gelegentliche Lektüre mit der Chorographie des Mela bekannt wurde, schien es mir, trotzdem bereits T z s c h u c k e in der Einleitung zu seiner Ausgabe des Mela (Leipzig 1807) einzelne besonders hervortretende Eigentümlichkeiten der Sprache desselben behandelt hat, keine undankbare Aufgabe zu sein, dessen Sprachgebrauch einer eingehenden Untersuchung zu unterziehen. Denn ich glaubte damit einerseits einen kleinen Beitrag zum Aufbau der historischen Syntax, andererseits einiges Material zur kritischen Behandlung des Autors selbst zu liefern, dessen Chorographie als das erste auf uns gekommene geographische Werk der römischen Litteratur immerhin von einiger Bedeutung ist und ein gewisses Interesse verdient.

Für die Stoffsammlung benützte ich ausser der eben genannten Ausgabe von T z s c h u c k e diejenige von P a r t h e y (Berlin 1867), welche, wenn sie auch in textlicher Beziehung der ersteren gegenüber keinen wesentlichen Fortschritt bedeutet, doch das kritische Material in übersichtlicher Form darbietet. Die Stellen selbst sind nach der Teubnerschen Ausgabe von K. F r i c k (1880) angegeben, die auf einer genauen Kollation des codex Vaticanus 4929 beruht, auf den nach B u r s i a n die übrigen Handschriften zurückgehen.

In der Anordnung und Verarbeitung des gesammelten Materiales schloss ich mich im ganzen an D r a e g e r s historische Syntax der lateinischen Sprache (Leipzig, Teubner, 2. Aufl. 1878 u. 1881) an. Ausserdem standen mir noch zu gebote:

Draeger, Ueber Syntax und Stil des Tacitus, 3. Aufl., Leipzig Teubner 1882.

Kühner, Ausführliche Grammatik der lateinischen Sprache, Hannover Hahn 1877—79.

Nägelsbach-Müller, Lateinische Stilistik, 8. Aufl., Nürnberg Geiger 1889.

Krebs-Schmalz, Antibarbarus der lat. Sprache, 6. Aufl., Basel Schwabe 1886.

Schmalz, Lateinische Syntax, in Müllers Handbuch der klassischen Altertumswissenschaft 2. Bd., München Beck 1890.

Acta seminarii philol. Erlang. 1. u. 2. Bd., Erlangen Deichert 1878 u. 1881.

Sittl, die lokalen Verschiedenheiten der lat. Sprache, Erlangen Deichert 1882.

Rebling, Versuch einer Charakteristik der römischen Umgangssprache, Kiel 1873.

Hauser, der particip. Dativ des örtlichen Standpunktes, Progr. d. Staatsgymn. Bozen 1878.

Schäffler, die sog. syntakt. Gräcismen bei den august. Dichtern, Progr. v. Amberg 1884.

Kern, zum Gebrauch des Ablativs bei Vergil, Progr. v. Schweinfurt 1881.

Badstübner, de Sallustii dicendi genere, Progr. des Friedrich-Wilhelms-Gymn. zu Berlin 1863.

Lupus, der Sprachgebrauch des Cornelius Nepos, Berlin Weidmann 1876.

Kühnast, die Hauptpunkte der Livianischen Syntax, Berlin Weber 1872.

Riemann, Études sur la grammaire de Tite-Live, Paris Thorin 1885.

Praun, Bemerkungen zur Syntax des Vitruv, Progr. v. Bamberg 1885.

Baum, de Valerii Maximi dicendi genere, Progr. d. Lyceums in Strassburg 1876.

Fritsch, Ueber den Sprachgebrauch des Velleius Paterculus, Progr. v. Arnstadt 1876.

Georges, de elocutione Vellei Paterculi, Leipzig Hahn 1877.

Lange, zum Sprachgebrauch des Vell. Paterculus, Progr. v. Putbus u. Stettin 1878 u. 1886.

Vogel, Ausgabe des Curtius, 3. Aufl., Leipzig Teubner 1885.

Krah, Beiträge zur Syntax des Curtius, Progr. v. Insterburg 1886 u. 1887.

Sander, der Sprachgebrauch des Annäus Seneca, Progr. v. Waren 1877 u. 1880.

Hoppe, Ueber die Sprache des Philosophen Seneca, Progr. v. Lauban 1873 u. 1877.

Obermeier, der Sprachgebrauch des Lucan, Progr. v. München 1886.

Grasberger, de usu Pliniano, Würzburger Dissertation 1860.

Georges, ausführliches lat.-deutsches Wörterbuch, 7. Aufl. 1879.

Klotz, Handwörterbuch der lat. Sprache, 3. Aufl. 1879.

Die Redeteile.

A. Substantiva.

Der Singular einzelner Gattungsnamen zur Bezeichnung einer ganzen Klasse findet sich schon in vorklassischer Zeit; allein erst seit Livius erweitert sich dieser Gebrauch. Bei Mela kommt derselbe, abgesehen von einigen Substantiven, die im eigentlichen Sinne Kollektiva sind, wie arundo (II. 82, Plur. III. 62), frux (III. 58, 75, Plur. III. 81, 91, 105), pecus (III. 51, 75, 103, Plur. I, 42 u. III. 53) und vestis (II. 14 u. III. 75), vor bei:

1) den Personennamen: homo III. 18 (Sen. rhet., cf. Sander 1877 p. 5 und Plin. mai., cf. Grasberger p. 68); hostis III. 34 (Klass., häufig Liv., dann Curt.); pedes II, 26, III. 52 (Sall., bell. Hisp., sehr oft Liv., dann Curt.);

2) den Tiernamen: catoblepas III. 98 (neu); piscis II. 83 (Ov., Curt., beide Plin.); purpura und murex III. 104 (neu);

3) dem Pflanzennamen: vitis II. 16 (Curt.);

4) den Bergnamen: Pyrenaeus II. 74, 84, 89, III. 20 (Liv., Sen. phil., Plin. mai., Flor.), Pyr. mons II. 81, III. 21 (Sil., Pyr. saltus Caes. u. Liv.); Riphaeus mons I. 115 u. 117 (neu, der Plur. II, 1 u. III. 36, ohne montes I. 109).

Einzeln sind noch anzuführen:

1) unda II. 63, III. 2, 21, 40, 69 (in Prosa selten; Kühner II. p. 55 A. und Riemann p. 40 führen nur je eine Stelle aus Cic. Ac. II. fr. bei Non. und aus Liv. an);

2) cervix in Beziehung auf Mehrere in eigentlicher Bedeutung I. 45; in übertragener I. 98 u. III. 73, der Plur. I. 89 (Cic. gebraucht stets den Plural, Liv. diesen nur in übertragener Bedeutung, in eigentlicher stets den Sing. bei

einer Person oder einem Tier, von mehreren bald den Sing.,
bald den Plur.);

3) radix, in bildlichem Sinne von einer Landzunge selten
gebraucht, II. 5 u. 24; den auch bei Klassikern nicht unge-
wöhnlichen Plur. hat Mela II. 62, III. 8, 41;

4) septentrio = Norden findet sich bei Mela 16 mal, der
Plur. dagegen nur 5 mal (den Sing. hat auch Liv., Vell.
Sen. phil. und Tac.);

5) finis statt fines I. 14 (Curt.).

Die bei Dichtern, z. B. Hor. und Lucan, und bei nachklassischen Prosaikern wie Curt. und Sen. phil. beliebte Verbindung eines Substantivs mit den Adjectiven multus, omnis
u. s. f. findet sich auch bei Mela: I. 64 cum religione plu-
rima, I. 21 infestantur multo ac malefico genere animalium,
womit zu vergleichen ist III. 62 vario genere hominum aliorumque animalium (India scatet) und vielleicht auch III. 17
noxio genere animalium minime frequens, ferner III, 88 omni
colore varii und III. 58 omni fruge ac fructibus abundans.

Vorzugsweise dichterisch, aber auch Prosaikern wie Liv.
und Curt. nicht fremd ist der Gebrauch, in Bezug auf mehrere Personen oder Dinge den Plur. durch den Sing. zu ersetzen. Aus Mela ist hiefür anzuführen: III. 63 corpore
ingentes, I. 48 capita absunt, vultus in pectore est, III. 19
docent aut in specu aut in abditis silvis, II. 83 (piscis) ictu
captantium interfectus extrahitur.

Ziemlich ausgedehnt ist bei Mela der Gebrauch des
Plurals der Concreta statt des Singulars, und zwar wendet
er denselben an bei:

1) Stoffnamen: aquae II. 63 marinae aquae, II. 86 ob
penuriam aquarum (als Stoffname öfter bei Dichtern vorkommend, doch auch bei Prosaikern z. B. Curt., = Wasser-
massen, Gewässer I. 52, II. 81, III. 2, 22 auch sonst nicht
selten); harenae I. 21, 39, III. 101 (Dicht., Liv., Curt., Sen.
phil., Col.); ignes II. 15. 119, III. 65 (Klass., Vell., Sen.
phil.); terrae I. 21 ob sitim caeli terrarumque, II. 104 Nilus
auget terras (als eig. Stoffname vorzugsweise dichterisch,
vgl. noch I. 40 unde terris nomen est = terrae);

2) Naturprodukten: avenae III. 56 avenis alantur (dichterisch); frumenta II. 125 fr. tantum non fecunda und III. 47
sata frumenta (dagegen der Sing. III. 17 frumenti ac pabuli
ferax); lanae III. 62 ut silvae lanas ferant, III. 63 vestiuntur
lanis (in der Bedeutung Baumwolle wohl neu, = Wolle bei
Hor. und Ov., in Prosa bei Plin. mai.); ligna II. 15 lignorum egentes (Caes., Liv., dagegen I. 41 vasa ligno fiunt);
libri III. 26 velantur libris arborum (Curt., Hieronym.);
mella III. 62 ut mella frontibus defluant (vorzugsw. dichter.,
doch auch Plin. mai., bez. der übrigen Bedeut. vergl. Kühner II. p. 53); pabula II. 6, 11, 15, 97, III. 34 (Sing. I. 42,
III. 53, der Plur. dichter. und bei Plin. mai.);

3) atmosphärischen Erscheinungen, von denen Riemann
gegen Dräger aestus und frigora mit Recht zu den ab-
strakten Substantiven zählt. Ersteres findet sich bei Mela
I. 53, 99 u. 115 (Riemann gibt hiefür je eine Stelle aus
Caes. und Liv., ferner hat es ausser Lucr. und den klass.
Dichtern Plin. mai. und Lact.), letzteres I. 11, II. 16 u.
III. 44 (Lucr., klass. Dicht. und Prosaiker, Liv., Tac., Luct.).
Ausserdem sind noch anzuführen: hiemes III. 36 ubi per-
petuae hiemes sedent (in dieser Bedeutung wohl neu, wäh-
rend es zur Bezeichnung verschied. Winterzeiten schon bei
Klassikern vorkommt); imbres I. 49, II. 31 (Lucr., Cic. ad
Att., klass. Dicht., Plin. mai.); nives I. 53 (Klassiker, Lucr.,
Liv., Sen. nachkl. Dichter);

4) Ortsbestimmungen: litora I. 10 ora litora porrigit
(Dräger führt nur eine Stelle aus Vergil an, Riemann
2 aus Liv.); orae I. 60 oras ipsas secant Nili ostia (wohl
dichterisch); principia II. 94 Baeticae (neu; vielleicht ist
damit auch zu vergleichen III. 71 pr. rubri maris). Als
steigernder Plural, der vorzugsweise den Dichtern eigen-
tümlich ist, ist wohl maria II. 26 (pedes non navigata maria
transgressus est) für Hellespontus zu fassen. — Nicht un-
passend erscheint es mir, an dieser Stelle anzuführen, dass
das mittelländische Meer bei Mela nicht nur nostrum mare
(I. 6 und sonst noch oft), sowie nostrum pelagus (I. 24,

vulg.)', sondern auch nostra maria (I. 81, II. 96, III. 77)
und nostra aequora (I. 9) heisst.

5) Ländernamen: Galliae II. 86 u 87 und Hispaniae
III. 15 (beide auch bei Klassikern nicht selten), Syriae
II. 102 inter Ciliciam Syriasque (vor Mela nur bei Catull.
und nach ihm nur bei einzelnen späteren Prosaikern); Cy-
renae I. 22 für Cyrenaica provincia I. 39 (neu, im Gegensatz zu Cyrene als Stadt I. 40).

6) Städtenamen: Pisae II. 42 (in Elis) u. II. 69 (in Ita-
lien), Therapnae II. 41, für welche sonst auch der Singular
gebraucht wird. Statt des klassischen Mitylenae findet sich
bei Mela nur Mitylene II. 101 (Hor., Vell., Plin., Mart.).

Hinsichtlich des Plurals der abstrakten Substantiva ist
zu bemerken, dass von den bei D r ä g e r aufgezählten sich
folgende auch bei Mela finden: a) aerumnae, amores, artes,
colloquia, iurgia, ictus, munditiae, operae, virtutes, b) acces-
sus, aetates, caedes, congressus, cultus, cursus, habitus,
motus, occasus, ortus, recessus, situs, c) ingenia, meatus,
planctus, recursus. Zu diesen sind noch hinzuzufügen: com-
mercia II. 10, fastigia I. 102, principia II. 11 generis und
III. 46 annorum, puerperia II. 18 (sämtlich dichterisch und
nachklassisch).

Von konkret gebrauchten Abstrakten hat Mela ausser
den klassischen odores, pestes und solitudines noch descen-
sus = abwärtsführender Weg I. 56 u. 73 (Hirt. b. g.),
error = Irrgang I. 56 (Ov.) und flexus Megybernaeus II. 34
(wohl neu). Der Concinnität wegen hat Mela II. 112 die
abstrakte Ausdrucksweise Minotauri feritate fatoque statt
Min. feri fato gewählt.

Den Plural modestiae, der zuerst bei Cic. erscheint, hat
Mela häufig; einmal gebraucht er ihn zur Angabe seiner
Herkunft mit dem Subjektspronomen nos II. 96 unde nos
sumus. Der Singular dagegen findet sich nur zweimal
(I. 1 u. II. 1).

Bezüglich des Gebrauches einzelner Klassen von Substantiven ist für Mela Folgendes zu bemerken:

1) Verbalsubstantiva auf tor hat er von denjenigen, die

sich schon in klassischer Prosa finden; auctor (= Gründer I. 101 bei klass. Dicht., Liv., Curt., Plin., Suet.), conditor,. domitor, gubernator, pastor, spectator, victor. Einzeln zu erwähnen sind: cultor, was sowohl in der Bedeutung „Bewohner" (I. 57, 111, III. 53) als auch in der Bedeutung „Weinbauer" (II. 16) schon bei Sall. und Liv. vorkommt; raptor III. 43 (dicht. und nachklass.); venerator III. 85 (Ov.; Val. Max.). Hinzuzufügen ist noch generatrix I. 49, was nach Mela erst bei Ambros. zu finden ist, und das Adjectivum bellatrix III. 34, was bei Dichtern und in übertragener Bedeutung schon bei Cic. vorkommt.

2) Gegenüber den wenigen Verbalsubstantiven auf io (10), die wie auch die wenigen Substantive auf tas und tudo sämtlich dem klassischen Gebrauche entsprechen, steht die vierfache Zahl von Substantiven auf us, was beweist, dass in diesem Punkte Mela dem livianischen Sprachgebrauche näher steht als dem klassischen. Von denselben sind besonders hervorzuheben: ambitus = Umfang, bei Mela öfter vorkommend, ist nachklassisch, besonders bei Plin., Tac. und Suet., = Umschlingung III. 62 morsu et ambitu adficere dichterisch; coitus II. 9 festo coitu familiarium ist vielleicht mit Ciacc. in coetus zu ändern, da es sonst bei Mela in dieser Bedeutung nirgends vorkommt; haustus II. 63 inter marinas aquas dulcium haustus est (in dieser Bedeutung bei Col. und Juven.); incursus III. 42 incursu aliorum grandior (Ov., Plin. mai.); lusus I. 106 (Ov., Liv.); meatus III. 2 (von der Ebbe und Flut noch bei Plin. mai.); memoratus III. 90 memoratu rettulerat (Plaut., Tac.); obiectus II. 16 (Caes., Virg.); planctus II. 20 (Vell. Curt., Sen. phil., Lucan., Petr.); potus = potio I. 41 (bei Curt., Plin., Tac.); recessus = Bucht I. 70, 84 u. öfter (Verg., Plin. mai., Tac., Quint.); flexus (vergl. pag. 12); recursus III. 55 maris (Ov., Sen. phil., Plin. u. Spätere); tractus = Landstrich III. 103 (klass., häufiger aber dicht. u. nachkl.); visus = Blick II. 1 (Cic., Verg., Curt., Tac. u. A.). — Am häufigsten stehen dieselben im Sing. im Abl., seltener im Nom. und Acc., nirgends im Gen. und Dativ, im Plural finden sich am meisten die Formen auf us,

der Gen. fehlt und der Dativ ist nur durch flexibus, meatibus und planctibus vertreten.

B. Adiectiva.

Die Substantivierung der Adjectiva ist im allgemeinen
in der vorklassischen und klassischen Zeit noch ziemlich be-
schränkt, wird aber seit Sall., und noch mehr seit Liv. häufiger. Auch die Participia des Präsens und des Perfects
werden erst seit Liv. öfter substantiviert; das Participium
des Futurs dagegen kommt nicht vor dem silbernen Zeitalter
vor. Was nun den Gebrauch beider bei Mela anlangt, so
ist darüber Folgendes zu bemerken: Der Singular der Masculina und Feminina von subst.
Adjectiven kommt bei ihm nicht vor, dagegen sind bei ihm
sowohl der Nom. und Acc. als auch die übrigen Casus des
Plurals nicht selten. Erwähnenswert sind im Nom.: interio-
res = Bewohner des Binnenlandes I. 42, prudentiores III. 65,
im Gen.: marum III. 93, divarum I. 94 und sontium III. 86,
im Dativ: maribus I. 117, ulterioribus III. 37. — Von Participien gebraucht er im Sing. nur den Gen. I. 1 orantis und
II. 20 iacentis = mortui. Häufiger ist der Plural. Nom.:
experti I. 76, Acc. ingredientes I. 73, navigantes III. 21,
devotos III. 18, mit Präpos.: inter accolentes III. 13, inter
iocantes II. 13, Gen.: accedentium I. 72, attendentium I. 1,
11, captantium II. 83, colentium I. 102, habitantium I. 83,
intendentium II. 1, obeuntium = mortuorum II. 18, armatorum I. 60, Dat.: adpulsis II. 115, doctioribus III. 2, bel-
lantibus II. 12. Hiezu kommt noch als einziges Beispiel für
das Partic. des Futurs II. 19 apud iudicaturos.

Auch im Gebrauche des Sing. der Neutra der Adjectiva
bietet Mela nicht viel Bemerkenswertes (sollemne I. 46, 58,
unum III. 19, veri II. 83, crediti III. 19, propatulo I. 106).
Häufig dagegen findet sich bei Mela das subst. Adjectivum
im Sing. in der Abhängigkeit von einer Präposition, ein Gebrauch, der erst im silbernen Latein an Umfang zunimmt:
ad imum II. 83, ad postremum I. 94, in artum I 6, in latum
I. 112, in medium III. 1, in altum (häufig), in quantum II.

57, in tantum II. 104, in relicum I. 47, in unum III. 36,
prope verum III. 70, a vero I. 54, ex alto, ex medio III. 1,
ex adverso I. 27, ex diverso I. 6, 8 etc., ex facto III. 81,
de integro I. 38, in medio II. 35, in summo (?) II. 32, in
commune I. 42, ex praecipiti III. 40 und in latius I. 89
(der Comparativ schon bei Sall. zweimal, bei Liv. einmal,
häufiger aber bei Späteren vorkommend).

Noch häufiger ist der Gebrauch des Plurals der Adjectiva und Participia namentlich von solchen, die einen Ort
bezeichnen. Da dieser jedoch allgemein zu finden ist, so
beschränke ich mich darauf, nur einige Beispiele anzuführen,
die im klassischen Latein nicht vorzukommen scheinen oder
doch wenigstens seltener sind: cuncta I. 3, obscena I. 57, III. 63
(= Notdurft und Schamteile), pauca II. 58, proxima III. 57,
vitalia I. 53, interiora I. 14, ulteriora I. 66; ardentia III. 95, se-
quentia II. 55, suffossa II. 10; ad ima I. 73, in nubila III.
101, in diversa II. 115, 119, III. 41, in subiecta III. 40, inter
ignobilia I. 34, intra penetralia I. 57, ob alia I. 73, ob
multa II. 25, per invia III. 97, ultra deserta I. 43; ad bea-
tiora II. 18, ad frequentiora III. 43, in asperiora III. 40.
An einer einzigen Stelle steht das Partic. des Futurs III. 48
ventura. Selten sind wie auch bei anderen Autoren die
übrigen Casus des Plurals. Der Dativ steht III. 100 exustis,
von Präpositionalverbindungen sind zu erwähnen: de agrestibus II. 125, ex desertis I. 50 sowie ex satis III. 17.

Nicht oft bei Cicero und Caesar, dagegen häufiger bei
Sallust und Livius verbindet sich mit den Neutra der Adjectiva ein Genetiv. Aus Mela können hiefür folgende Beispiele angeführt werden: Im Singular nur II. 17 in tantum
altitudinis und II. 64 in angusto illorum duorum promun-
turiorum, im Plural mit dem Gen. part.: ima eius II. 32,
ad ima montis Idae I. 91, prima eius II. 53, intimis aedium
I. 57, interiora eius II. 59, int. aedium I. 13, pleraque eius
I. 21, reliqua nostri maris I. 15, cf. 22, 89, III. 45, aliqua
Ponti I. 115; verwischt ist die partitive Bedeutung des Genetivs wie bei Dichtern, Liv., Curt. und Tac. II. 89 eminen-
tia cautium, I. 73 per opaca silvae, II. 10 ad opposita cau-

tium; mit einem subjectiven Genet. verbunden sind ob brevia vadorum I. 35, ob saeva hiemis II. 10, per immania magnárum gentium II. 8, per deserta Syriae III. 43 und ludicris virginum I. 36.

Ihre Rectionskraft bewahren wie auch bisweilen bei andern Autoren, z. B. Liv. und Sen. phil., die Neutra der Adjectiva und Participia I. 14 ripis Nili proxima, III. 1 Riphaeis montibus proxima, I 116 ripis haerentia, II. 82 abscissa proximis, III. 19 apta viventibus, II. 3 in Paludem vergentia, II. 117 iacta in Alpheum.

Im Gebrauche der vollständig zu Substantiven gewordenen Adjectiva weicht Mela von dem allgemein Ueblichen nicht ab.

Nicht selten vertreten bei Mela die Adjectiva die Stelle von Genetiven, ein Gebrauch, der sich zwar auch bei Klassikern findet, jedoch besonders den Dichtern sehr geläufig ist: Ponticum latus I. 10, II. 16, Agamemnoniae classis statio, Persica clade pernotus, Phidiaca Nemesis II. 45 und 46, Atticae societatis II. 49, Romana clades II. 105, Tiberina ostia II. 121, Iliaca tempestate III. 46, puellaria pensa III. 35; ferner sind hierher zu rechnen die Umschreibungen Idaeus mons I. 93 und saltus Oetaeus II. 36.

Was die Steigerung der Adjectiva betrifft, so finden sich falsch gebildete Steigerungsformen bei Mela nicht. Seltener vorkommende Comparative sind folgende: adductior I. 20 (neu, Plin. ep., Tac.), editior III. 22 (Caes., Sall., Hor., Sen. phil.), doctior III. 2 (Plaut., Ter., Catull.), exactius I. 2 und 24 (Ov., Mart., Suet.), incultius I. 42 und incultior II. 12 (Cic., Sall.), notior I. 13 und 71 (Caes., Verg.), prudentior III. 65 (Cic., Col.), salsior II. 82 (bell. Alex.). — calidior I. 39 (Cic., Hor.), frigidior I. 39 (Cic.), placidior I. 51 (Liv., Plin.), ditior I. 30, 61 (Hor., Liv., Stat.), exilior III. 101 (Plin.), manifestior III. 57 (als Adverb. bereits bei Sen. rhet., Verg.), paucior I, 95 (Sall. u. A.), spatiosior II. 123 (Ov.), vastius I. 28, III. 55, 95 (Cic.); sehr häufig ist bei Mela grandior. Dazu kommen noch die Superlative efficacissimus III. 104 (Liv., Vell., Plin. mai.), liquidissimus II. 6 (Lucr.), validissimus I. 79 (Cornif.. Liv. und Nachkl.), endlich das Adverbium novissime I. 95, II. 36.

Häufig wird die Steigerung durch Adverbia bewirkt. Es sind dies zunächst magis und maxime, die Mela nicht nur dann verwendet, wenn er härtere Steigerungsformen vermeiden will, wie z. B. II. 74 magis culta et magis consita ideoque laetior, III. 49 certiora et magis explorata I. 30 culta magis et ditior, sondern die er auch zu ganz gewöhnlichen Adjectiven setzt z. B. III. 74 multo magis longa latera (Allit.), III. 79 magis clara; maxime (angustus, laetus, nobilis, clarus, inlustris). Andere Adverbien der Steigerung sind admodum (sehr häufig); ad fatim III. 67 dites (Publ. Syr., Justin., Apul.); eximie I. 21 fertilis (Plin. mai.); mire I. 49 fertilis (Lucr., Liv., Plin.); paene II. 112 clarus und vielleicht auch II. 123 pestilens (Hor.); prorsus III. 106 clarus (vorkl., Cic. pr. nullum, Sall., Curt., Justin.); satis I. 1 u. öft.; vielleicht auch vaste II. 27 longum litus.

Die Stelle des Superlativs vertreten ferner Adjectiva, welche mit den Präpositionen per und prae zusammengesetzt sind; erstere finden sich schon bei Plaut. und besonders in Cic. epp., letztere bei den alt. Tragikern, gelangen aber erst im silbernen Latein, besonders bei Plin., zu voller Entwicklung. Von ersteren hat Mela pervetus I. 26, perfecundus I. 49, pernoxius I. 106, pernobile II. 26, perceleber II. 41, pernotus II. 45, perviridis II. 82, persaevus II. 84; von letzteren praealtus I. 27, praegrandis III. 51 und praegravis III. 98.

Vermindert wird der im Adjectivum enthaltene Begriff ausser durch minus und minime noch durch modice II. 5 spatiosa modice (Liv.), sowie durch das Adverb. der Qualität maligne II. 16 m. admodum patiens, was sich noch bei Sen. phil. und Plin. findet.

Der Comparativ erfährt eine Steigerung durch aliquantum III. 21 plenior, was bei Liv. und Späteren vorkommt statt des klass. aliquanto, sowie durch magis magisque II. 81 latior, was im klassischen Latein gar nicht, im silbernen ganz selten, dagegen oft bei den Afrikanern zu finden ist.

Der Superlativ wird bei Mela durch die auch sonst üblichen
Adverb. longe und vel gesteigert.

Zum Schlusse sei noch erwähnt, dass Mela III. 57 sui
partem maximam sagt, während er III. 79 regelmässig
maiorem Sabaei tenent partem setzt.

Pronomina.

Während über das persönliche Pronomen nichts anzuführen ist, worin Mela sich von dem gewöhnlichen Sprachgebrauche unterscheidet, ist über das Reflexivpronomen vor
allem zu bemerken, dass III. 48 Gallizenas vocant (antistites)
. . . sed nonnisi deditas navigantibus et id tantum ut se
consulerent profectis man statt se das Demonstrativpronomen
eas erwartet; allein Mela lässt hier das logische Subject des
Hauptsatzes fortwirken mit dem Sinne: wir sind ihnen zu
willen, wenn sie nur zu dem Zwecke gekommen sind, um
sich bei uns zu befragen. — Bezüglich der Stellung des
Pronomens se ist für Mela dasselbe zu bemerken, was Hoppe
für Sen. phil. (Progr. 1877 p. 6 und 7) nachweist, dass es
nämlich bei ihm gerne an eine dem Tone nach untergeord-
nete Stelle gesetzt wird, und zwar schliesst es sich an 1) an
Verba: I. 20 fastigatque se, I. 95 cogit se, III. 40 frangit se,
III. 31 curvansque se, III. 105 fastigantis se, 2) an Adverbien: ibi I. 9 hic II. 117, ubi III. 22, inde I. 6, 108, II. 91,
unde III. 2, post I. 10, paulatim II. 86, iam III. 57, quidem
II. 67, iterum III. 50, 97, primum I. 7, 10, 3) an Conjunctionen: ac III. 52, ut II. 62, III. 53, 4) an die Negation
non III. 34. — Für die Wahl der volleren Form sese
statt se I. 102 (sese Pontus aperit), die übrigens bei Mela
nur hier vorkommt, scheint nur der Wohllaut bestimmend
gewesen zu sein. — Statt des reciproken inter se braucht
Mela das ganz seltene, von Riemann p. 240 nur aus
Plaut. und Justin. belegte, invicem se III. 52.

Suus wird, trotzdem es nicht betont und entbehrlich ist,
seinem Substantiv vorangesetzt I. 10 sua litora porrigit.

In Verbindung mit dem Reflexivum steht das Pronomen
ipse stets im Nominativ. Letzteres dient bei Mela, wie

schon bei Liv. und besonders Curt., zur Bezeichnung der
verschiedensten Arten von Gegensätzen. Es bezeichnet das
Land im Gegensatz zu seinen Bewohnern, Länder im Gegensatz zum Meere und zu Gebirgen, Erdteile im Gegensatz zu
anderen, die Küste im Gegensatz zum Binnenlande, Flüsse im
Gegensatz zu Land und Volk, Menschen im Gegensatze zu
Tieren, ja es wird zuweilen auch ohne erkennbaren Gegensatz ganz wie bei Curt. durch dasselbe jede wichtig erschei-
nende Person oder Sache hervorgehoben z. B. I. 38 arae
ipsae. — ipse quoque findet sich einmal bei Mela (II. 7),
et ipse dagegen in der Bedeutung „gleichfalls" nirgends und
ist deshalb bei Frick die schon aus stilistischen Gründen
nicht zu billigende Einschaltung von et vor ipsa III. 71
entschieden zu verwerfen.

Wie schon bisweilen bei Nepos, häufiger dagegen bei
Liv., Vell., Curt. und Sen. phil. werden auch bei Mela als
Ersatz für das Pronomen is die Pronomina hic und ille verwendet. Von diesen beiden letzteren steht hic namentlich
besonders häufig vor Relativen z. B. I. 14, 24, 29, 43, 45,
92, III. 43; allerdings ist die Lesart nicht immer feststehend.
Ferner steht es gern am Anfang von Perioden z. B. I. 12,
19, 27, 50, 117, III. 86. Endlich findet sich hac re mehrmals statt ea re vor quod (I. 54, 70, II. 63, 97, III. 31).
ille bezieht sich statt is gerne auf ein im vorausgehenden
Satze zuletzt Genanntes z. B. I. 82 Patara. illam, cf. II. 16,
44, 96, 101, III. 23, 68, 86, 106. — An dieser Entwertung
der Demonstrativpronomina scheint auch idem teilzunehmen
I. 6, II. 28, 116. — Das Pronomen iste, das bei Lucan.
(Obermeier p. 15) die übrigen Demonstrativa geradezu
verdrängt hat und das auch bei Sen. phil. (Hoppe 1877
p. 8; sehr häufig gebraucht wird, ohne dass dessen besondere
Bedeutung gewahrt bleibt, findet sich auffallenderweise bei
Mela nirgends.

Das tonlose quis steht wie vereinzelt bei Cicero und
Livius in Verbindung mit alius III. 51 incertum ob decorem
au quid aliud und nach der zu billigenden Conjectur Bur-
sians II. 126 aliudve quod virus — ullus, seit Livius sub-

stantivisch gebraucht, hat Mela III. 37 diutius quam ulli mortalium, den Dativ von nullus statt nemini I. 26 nulli nunc usuro habilis und I. 45 nulli certa uxor. — Der Gebrauch von alii = ceteri, den Dräger I. p. 105 und ergänzend Riemann p. 186/7 behandeln, ist auch bei Mela mehrfach zu finden: II. 6 turbidis aliis liquidissimus defluit, II. 20 maerent aliae vocibus, III. 13 per alia, III. 29 ut maior aliis, III. 97 aliis amnibus; für alius erwartet man alter I. 89 alium (sinum), I. 18 Scythia, alia quam dicta est, II. 119 alio ore — alio, III. 80 alia Berenice einem vorausgehenden prima B. entsprechend; doch findet sich dies auch bei Klassikern. — uterque im Plural zur Bezeichnung von zwei Individuen, der Vulgärsprache angehörig und im ganzen selten, hat Mela an mehreren Stellen II. 48 maria utraque (aber II. 37 mari utroque), II. 67 inter utraque (cornua), II. 72 flumina utraque. — ambo für uterque steht I. 33.

Zum Gebrauche der Zahlwörter bei Mela ist nur die Verbindung einer Multiplikativ- mit einer Cardinalzahl statt der letzteren zu erwähnen I. 56 ter mille, was selten bei Prosaikern, häufiger bei Dichtern vorkommt

Adverbia.

Gestützt auf die reichhaltigen Sammlungen bei Dräger, Lupus und Kühnast halte ich es der Raumersparnis halber für unnötig, sämtliche Adverbia, die bei Mela vorkommen, aufzuzählen, und beschränke mich darauf, die aus irgend einem Grunde bemerkenswert erscheinenden in alphabetischer Reihenfolge anzugeben:

adsidue = immer III. 2 (nur Cic.). — alioqui (alioquin) II. 78, 81, 126, III. 56 (Lucr., Liv., Vell., Fronto) aliubi I. 109, III. 57 (Varro, Plin.). — aliqua = aliqua ex parte III. 96 (Ter., Verg.). — aliquatenus vom Raume II. 62 (Plin. mai., Petron.) — anguste = wenig II. 52 incidere und II. 123 spectare (ein anderes Adverbium in dieser Bedeutung findet sich bei Mela nicht). — beatius III. 102 excultae (scheint das bei Mela fehlende melius zu ersetzen). — dein wie bei Livius sehr häufig (22 mal) neben deinde (25 mal). —

enixe III. 27 colere findet sich nach Krebs-Schmalz s. v.
bei Cicero und Cäsar nur an je 1 Stelle, häufiger bei Livius. —
exactius I. 2. 24 (Ov., Mart., Gell). — fabre II. 9 (Plaut., Sil.,
Apul., Amm., Liv. gebraucht es nur in der Verbindung
fabrefacio). — fere und ferme nahezu gleich oft mit
dem Adjektivum medius verbunden (Ter., Liv.). — Gallice
III. 52 (Varro bei Gell.). — habiliter III. 63 (Liv. epit.). —
hactenus zur Angabe des Zieles im Raume II. 34 h. Pontus
(Verg., Ov, Tac.). — hucusque I. 19, II. 67, 83 (Plin., Quint.). —
— immodice II. 108 (seit Liv.). — intra I. 2 ut intra extraque sunt, cf. I. 23, 24 (nachkl.). — interius I. 32. — iterum
iterumque I. 10 und III. 9 (in Prosa sehr selten für das
gleichfalls bei Mela vorkommende semel iterumque I. 16,
III. 3 und rursum et saepius III. 43. — iuxta = pariter
I. 115 (Plaut., Sall., Liv.). — maligne = wenig II. 16 (Sen.
phil., Petron.). — maxime III. 70 ut maxime videtur (Plaut.,
Quint.). — minime = minimum III. 47 (Liv., Col.). — modice II. 5 (Liv.). — paene in Verbindung mit medius I. 104. —
passim in Massen III. 87 (Tib., Tac., Justin.). — perniciter
I. 99 (Plaut., Tib., Liv.). — perverse von rechts nach links
I. 57 (Suet.). — prope in Verbindung mit medius II. 102. —
pessum et penitus accipere III. 88 (nachkl.). — proximo
II. 37 (von der Reihenfolge, neu). — qua = ubi sehr häufig
wie bei Liv. und Lucan. — quoque = etiam III. 43, etiam
= quoque I. 11, 19, 24, 65 etc. (Liv.). — subinde I. 39,
II. 79 und öfter (Hor., Liv. und Spätere). — ubique bei Mela
nirgends in Verbindung mit dem Relativum (Liv., Vell.,
Curt.). — ulterius vom Orte III. 7 (Ov., Lucan.). — usque
immer II. 4, III. 36 (Terg., Verg., Hor. Mart.). — utique =
besonders III. 21 (Liv.). — vaste vom Orte öfter z. B. I. 34,
(Ov., Scribon.). — velut = wie II. 82, III. 46, 64
(häufig bei Dichtern, seltener bei Prosaikern). — iam in Verbindung mit Negationen I. 96 nec iam, III. 24 iam non
amnis, I. 23 vix iam. — tantum in Verbindung mit Prono-
minibus I. 11 in hoc tantum und III. 48 in id tantum.

Die Negation haud findet sich bei Mela nur zweimal

und zwar mit den gleichen Adverbien verbunden wie bei
Sallust I. 100 haut longe und III. 24 haud procul.

Manche Adverbia haben sich in ihrer Bedeutung im
Laufe der Zeit geändert, so dass z. B. solche, die in klassischer Zeit eine Zeit bezeichnen, später in lokalem Sinn verwendet werden. Hierher gehören aus Mela: adhuc I. 51,
III. 14 (Plaut.: adhuc locorum). — aliquamdiu I. 74, II. 79,
III. 42 (neu). — continenter I. 29 (Catull.). — continuo I.
80, III. 77 (neu). — dehinc II. 23, III. 75 (Tac.). — diu I.
10, 11, 19, II. 7, III. 5 (neu). — etiamnunc II. 109
und etiamnum III. 24, 81 (neu). — iam von der Reihenfolge I. 51, 110, II. 35, 66, 79, 81 (neu). — mox I. 87, II.
62, III. 24 (Plin.). — quando III. 68 (neu). — tunc II. 2,
III. 16 (neu, Tertull. tunc locorum). — tum demum I. 51
(Hor.).

Causale Bedeutung statt der ursprünglich lokalen
nehmen an die Adverbia: inde I. 26, 64, III. 34, 97. —
unde II. 83, 117, III. 66. — hinc III. 66, 69, 95.

Das attributive Adjectiv wurde schon in frühester Zeit
für das Adverbium gesetzt; allein während in vorklassischer
Zeit und auch bei den Klassikern hauptsächlich Adjectiva
des Affektes diese Funktion übernahmen, seltener solche,
welche lokale, modale und Massverhältnisse bezeichnen, haben die Dichter und nachklassischen Prosaiker unter dem Ein-
flusse griechischer Vorbilder diesen Gebrauch auch auf zeit-
liche Verhältnisse übertragen. Die Verbindung solcher Adjectiva mit Participien findet sich bei Lucrez, Vergil
(Schäffler p. 60 ff.) und Livius (Riemann p. 109 A. 4).

Mela hat diesen Gebrauch sehr bevorzugt. Von Adjectiven, die einen Affekt bezeichnen, hat er anxius III.
65 nihil anxii exspectant mortem, laetus II. 9 1. celebrant funera u. III. 65 laeti et cum gloria arcessunt, hilaris
III. 37 hilares se praecipites dant; dieselben Adjectiva gebraucht auch unter anderen Sen. phil. (Draeger p. 353).
Ganz besonders häufig sind wie auch bei Lucan (Obermeier p. 19) Adjektiva, die ein modales Verhältnis bezeichnen: inaequalis admodum praecipue media procurrit I. 16,

immodicus exsurgit I. 39 (aber immodice fluens II. 108),
simplex saevusque descendit I. 50, it vagus atque dispersus
I. 51, cf. III. 31, clara et incendio similis effulsit I. 93,
praeceps ruit, incitatus decurrit I. 115, qualis natus est, defluit II. 7, liquidissimus defluit, dulcis defl. II. 6 und 7, citus
prosilit II. 63, citus coepit avehere III. 43, besonders III. 40
labitur placidus et silens, neque ... manifestus, cum mur-
mure sonansque devolvitur adeo citus, ut ubi incurvus
arcuatoque amne descendit ... iterumque tacitus et vix fluens
elabitur ..., celer et fremens petit III. 77. Ein lokales
oder Massverhältnis bezeichnen unter anderen rectus I. 81,
II. 23, III. 69, obliquus III. 50, grandis I. 51, solidus I, 9,
angustus III. 24 (dagegen angustissime fluit III. 68), trahit
perpetua latera continuus II. 85. Nur einmal dagegen findet
sich ein Adjectiv als Zeitbestimmung III. 83 ubi quingen-
torum annorum aevo perpetua duravit. In Verbindung mit
einem Particip setzt Mela das Adjectivum I. 68 non obliqua
sed adversa adiacens Asia grandem sinum accipit, II. 2 obliqua tunc ad Bosphorum plaga excurrens Ponto ac Maeotide includitur, II. 79 seque per medium integer agens quantus venit
egreditur, III. 106 resupini hominis imagine iacentis. Mit
einem Adverbium verbunden fand ich es bei Mela nur I. 45
passim incertique nascuntur.

Verba.

Bezüglich des Wortschatzes ist zunächst zu bemerken,
dass Mela wie Livius eine besondere Vorliebe für Verba fre-
quent. u. intens. hat. Es sind dies: acceptare I. 7, adfectare II.
19, adventare III. 2, captare II. 83, consectari II. 104, con-
sultare I. 42, crepitare I. 83, dictitare II. 20, exercitare II. 5,
gestare I. 26, fluitare I. 73, habitare (oft), imperitare I. 65,
III. 27, iactare I. 92, innatare III. 88, obiectare II. 29, natare I. 55, ostentare I. 75, prolatare III. 27, prospectare I.
78, 89, spectare (öfters), vocitare I. 30, 103. Die meisten
derselben kommen schon bei Sall. und Liv. vor; acceptare
findet sich bei Varro fr., Curt., Plin. u. Quint., crepitare bei
Dicht., Curt. und Plin., fluitare bei Dichtern und Tac., in-

natare in der Bedeut. auf etwas schwimmen ist nachklassisch.
Bei verschiedenen ist die ursprüngliche Bedeutung verwischt,
so dass sie für die Stammverba stehen.

Von einfachen Verben statt der zusammengesetzten
braucht Mela: capere I. 50 statt accipere (nomen), claudere
I. 80 includere (sinum), curare I. 57 forum ac negotia femi-
nae, viri pensa ac domos curant = procurant, cedere I. 6,
III. 73 = recedere, fodere I. 57 nec cremare aut fodere fas
put. (ein ἅπαξ εἰρημένον), novare III. 47 seminibus segetem
novantibus, pellere II. 82 pelli se atque adtrahi patitur =
propelli, premere I. 76 specus multum pressus = depressus,
secare I. 60, III. 40, 77 = dissecare, spargere I. 94, III.
41 = dispergi, tendere III. 35 arcus tendere = intendere,
in der Bedeutung „ziehen" häufig, tenere II. 79 impetum
= retinere.

Decomposita finden sich bei Mela nur zwei: das auch
sonst häufige abscondere und exporrigere III. 14, was besonders der Vulgärsprache angehört.

Als transitives Verbum mit intransitiver Bedeutung ist
aus Mela besonders anzuführen: extrudere II. 89 proxima
est rupes, quae in altum Pyrenaeum extrudit (dagegen II.
107 Euboea promunturium extrudit).

Zahlreich sind bei Mela die absolut gebrauchten Verba:
accedere I. 72 (Cic.). — accolere III. 13 (Plaut., als Particip substantiviert zuerst bei Mela, dann bei Plin.). —
adiacēre II. 3 (Tac.). — adsidēre II. 54 (Cic.). — adtendere
I. 1 (Cic.). — agere III. 26, 63 nudi agunt, III. 107 in urbibus (Sall., Liv., nachkl.). — appropinquare I. 94, III. 43
(Cic., Plin.). — adpelli (adpulsi) I. 106, II. 115 (neu). —
circumsidēre I. 68 (neu, Apul., Sidon.). — colere I. 102 (Liv.,
Curt.). — concumbere I. 106 (Juven., Augustin.). — decernere
II. 20 (Caes., Nep., Liv.). — deficere I. 42 und öfter (Cic.).
— differre II. 9 (vielleicht neu). — egere I. 57 (Cic.). —
egredi II. 6, 79 (neu). — experiri (expertus) I. 76. — habere III. 50
= putare (Liv.). — impugnare I. 66 (Caes., Justin.). —
incedere III. 65 morbus, III. 91 libido (Sall., Liv.). — in-
fluere I, 24, III. 38 (Curt., Sen. phil.). — ingredi I. 113

(Cic.) — initiare II. 17 (wohl neu). — innatare III. 38
(Plin.). — innavigare II. 1 (neu). — intendere II. 1 (neu). —
interfluere II. 61 (Liv., Plin.). — interesse III. 8, 60 (Liv.). —
introire III. 39, 80 (Cic., Gell.). — intueri II. 116 (neu). —
invitare III. 34 (dichter.). — merere I. 114 (Cic., Liv.). —
nocere III. 92 (Caes., dicht., Nkl.). — nubere I. 46 (Cic.). —
obire II. 18 (Briefe an Cic., Liv., Vell., Plin. mai., Suet.,
Eutr.). — obstare III. 77 (Cato, Dichter, Liv.). — percutere
III. 35 (neu). — transgredi, v. austret. Fluss III. 31 (neu). —
transire = sich ändern II. 57.(neu). — vacare I. 23 (Cic.) —
vesci I. 106 = Tafel halten (Curt., Tac., Censor.). — Fraglich ist, ob nicht auch II. 20 (maerent aliae vocibus et cum
acerbisimis planctibus efferunt) die beiden Verba maerere
im Sinne von Trauer aussern und efferre = Begräbnis feiern
absolut zu fassen sind, ebenso wie auch facere II. 54 facit
sinus und das wiederholt ohne Object stehende efficere
(I. 49 Nilus efficit, cf. I. 68, II. 34) = Schuld sein. Ist dies
nicht der Fall, dann haben wir an den genannten Stellen
sehr harte Ellipsen zu statuieren.

Reflexive Verba mit intransitiver Bedeutung hat Dräger
nur drei aus Mela angeführt: se ingerere III. 65, se rotun-
dare I. 95 und se sinuare I. 86. Mela hat aber noch viele
von solchen, die Dräger aus andern Autoren belegt: se
abducere III. 6, se adtollere I. 108, II. 58, III. 2, se agere
II. 79, se colligere II. 62, se coniungere I. 94, se effundere
I. 9, II. 62, se evehere I. 16, III 57, se ferre III. 40, se
ostendere I. 74, III. 97, se insinuare II. 91, se tenere
III. 34. Zu diesen sind noch folgende hinzuzufügen: se
angustare III. 14 (neu). — se aperire I. 102 (Cic., Plin.),
se artare I. 16 (neu), se cogere I. 95 (neu), se committere
I. 63 (Cels.), se complecti I. 72 (neu), se consociare II. 117
(neu), se cuneare III. 50 (Plin. mai.), se curvare III. 31
(Curt., Plin.), se diducere III. 69 (neu), se exercitare II. 5
(neu), se extendere I. 10, II. 86, III. 89 (neu), se extollere
II. 117 (übertrag. schon Cic. Sall., Quint.), se fastigare I. 20,
II. 5 (neu), se frangere III. 40 (neu), se incurvare I. 10 (neu),
se laxare I. 6 (Calp.).

Mediale Passiva hat Mela von denen, die Dräger nach dem Programme von Nölting (Wismar 1859) aufzählt, folgende: ádtolli I. 61, III. 60, ali I. 116, III. 103, aperiri I. 73, III. 8, averti III. 78, circumfundi III. 71, circumvehi LII. 90, colligi I. 91, III. 1, coniungi I. 6, 109, converti II. 47, III. 12, 98, demergi I. 3, 74, demitti I. 72, III. 5, devehi I. 40, devolvi III. 40, diffundi I. 6, 7, dispergi I. 6, III. 7, effundi I, 11, 32, 98, evehi III. 46, evolvi I. 51, II. 4, expandi I. 9, III. 16, extendi II. 38, III. 9, ferri I. 99, III. 21, fundi I. 27, inflecti I. 87, 102, III. 5, 59, infundi II. 117, mutari II. 14, obtendi I. 20, II. 23, obverti I. 109, ostendi II. 83, III. 79, perfundi III. 88, permitti I. 117, II. 74, pervehi III. 90, porrigi I. 3, 19, II. 102, praetervehi I. 91, praevehi II. 27, redimiri III. 37, reduci III. 2, repleri III. 106, reverti I. 90, sinuari I. 102, solvi III. 84, 102, spargi III. 31, submoveri II. 27, suffundi II. 83, transvehi II. 96, vehi III. 54, velari I. 41, III. 26, 63, verti I. 81, vestiri II. 10, III. 63. Zu diesen sind noch hinzuzufügen: abduci I. 16, III. 3 (Val. Flacc.), abscondi I. 74, III. 97 (Verg.), adflecti III. 16 (neu), adiungi I. 18 (Cic.), auferri II. 79 (neu), arcuari III. 40 (neu), committi I. 7 (Cels.), deflecti I. 114 (neu), deici I, 115 (Plin., Val. Flacc.), distendi II. 5 (Col. und Spätere), dividi I. 51 (neu), duci I. 108 (neu), emitti I. 84, II. 61, 79, III. 24 (neu), exornari III. 86 (Plaut.), fastigari III. 7 (Liv.), finiri I. 20 (Cic. poet. und Sen. phil.), flecti I. 90 (neu), immitti II. 16, III. 33 (neu), infici III. 51 (neu), oblini I. 57 (Cic.), recipi III. 7 (Veget.), reciprocari III. 2 (Cic., Curt.), retrahi I. 16 (neu), revocari I. 56 (neu), variari III. 2.

Zum Gebrauche der Deponentia ist für Mela nur das Eine zu bemerken, dass er statt des üblichen fabricari das bei Dichtern und Späteren vorkommende Activum fabricare gebraucht. Im passiven Sinne ist von ihm kein Deponens verwendet worden.

coepi mit einem passiven Infinitiv des Präsens kommt erst bei den Autoren nach Livius mehr in Gebrauch. Es findet sich bei Mela I. 90 ex quo ab Aeolis incoli coepit.

Von unpersönlichen Verben sind aus Mela nur fulget
I. 97 ubi primum fulsisset (Cic. und Plin. mai.) und pluit
II. 78 credas pluvisse (bei Dichtern und Späteren) zu erwähnen. Passive Formen wie manebatur I. 38, penetratur
(öfters) und perventum est I 73 sind auch sonst nicht selten.
Bezüglich des Gebrauches der Zeiten ist zu bemerken,
dass Mela wie bes. Curtius öfters das Plusquamperfektum
für das Perfekt setzt. Hierher gehören zunächst die Verba
des Sagens: dixeramus II. 96 (Plaut., Cic., Caes., aber sehr
selten) und rettulerat III. 90, ferner II. 93 fuerat. Auch
wird das Plusquamperfektum gebraucht, um den raschen
Eintritt der Handlung zu bezeichnen II. 116 proditum se
arbitratus occiderat. Den Erfolg der Handlung gibt es an
I. 90 pulsis qui habitaverant, I. 78 Aspendos, quam Argivi
condiderant, possedere finitimi, III. 72 quas ripas inflexerat,
bis inrumpit; III. 5 (diu, sicut nascitur, uno amne decurrit)
erwartet man nach III. 77 Tigris ut natus est ita descen-
dens etc. und II. 7 diu qualis natus est, descendit statt des
Präsens nascitur das Perfektum. — Wie Curtius nirgends
einen sog. aoristischen Inf. des Perfekts für das Präsens hat,
so sind auch bei Mela diese Infinitive (I. 58 capitale est
interemisse, I. 46 maximum decus cum plurimis concubuisse,
III. 35 ut non percussisse pro flagitio habeatur, III. 98 oculos
eius vidisse mortiferum est durch den Sinn gerechtfertigt.
Der Conjunctivus potentialis des Perfekts findet sich bei
Mela I. 54 ne illud quidem a vero nimium abscesserit, häufiger dagegen steht der präsentische (II. 78, 88, 124, III. 15,
16, 56).

Der einfache Satz.

A. Congruenz.

Die sog. Constructio κατὰ σύνεσιν, welche sich nicht selten bei den vorklassischen Autoren, weniger bei den Klassikern, dagegen wieder häufiger seit Sallust und Livius findet, hat Mela an mehreren Stellen: III. 63 pars nudi agunt, III. 85 pars ... agunt, pars quia ex Aegypto advenere dicti Automoles, III. 106 hominum pars silvas frequentant, III. 33 gens habitu armisque Parthicae proxima non se urbibus tenent. ut ... ita res opesque secum trahens semper castra habitant, I. 83 genus usque eo quondam armorum pugnaeque amans, ut aliena etiam bella mercedibus agerent. Bemerkenswert scheint auch noch I. 65 Phoenicen illustravere Phoenices, sollers hominum genus et ad belli pacisque munia eximium: litteras ..... regnum proeliumque conmenti, wo sich conmenti auf das fernerstehende Subject Phoenices zurückbezieht, statt auf das nähere genus.

Was die Uebereinstimmung des Prädikates mit mehreren Prädikaten anlangt, so gebraucht Mela sowohl den Plural z. B. II. 68, III. 10 als auch den Singular, und zwar den letzteren nicht nur, wenn das Prädikat am Anfang des Satzes steht, z. B. II. 68 transitur Ravenna, Ariminum etc., II. 114 iuxta est Astypalaea, Naumachos etc., II. 84 inde est ora S. et parva flumina, II. 120 perpetuo flagrat igne Hiera et Strongyle, sondern auch, wenn es am Schlusse steht. Regelrecht geschieht dies, wenn die Subjecte als eine Einheit zu betrachten sind, z. B. I. 78 magna apud eum pugna atque victoria fuit, I. 92 quos vis et seditio exegerat, III. 4 ara templumque est, III. 65 quibus ars studiumque sapientiae contigit. Seltener ist dies jedoch der Fall, wenn die Subjecte nomina propria sind: II. 96 tunc Mellaria et Bello et Baesippo . . . oram freti occupat und III. 15 Tritino Bellunte cingit.

Nicht nach dem Subjecte, sondern nach dem zugehörigen Namen richtet sich das Verbum des Satzes III. 15 Vardulli una gens . . . pertinens cludit Hispanias; dagegen II. 18 una gens Thraces habitant, cf. II. 4; auf die Apposition bezieht sich ferner, trotzdem dieselbe weit davon getrennt steht, das attrib. Particip II. 3 oppidum adiacet Chersonnesus a Diana conditum, endlich das Relativpron. auf ein ausgelassenes oppidum I. 34 proximum ab Hippone Diarryto, quod litore eius adpositum est (cf. Sestos . . . pernobile II. 26).

Als Prädikat findet sich, wie schon bei vorklassischen Autoren, ferner bei Cic., Liv. und anderen, an Stelle eines finiten Verbums ein Participium Präsentis, sogar ohne Copula, I. 41 victus asper et munditiis carens, III. 88 Talge sine cultu fertilis, omni fruge ac fructibus abundans, ferner, wie auch bes. bei Liv. Adverbia und zwar a) des Ortes und der Reihenfolge: intus III. 39, ibi I. 87, 112, qua I. 15, hic I. 83, 108, longe II. 36 (Cic. und Caes. gebrauchen l. abesse), citra I. 38, 104, contra II. 126, extra I. 14, III. 4 intra I. 23, 74, iuxta I 71, 103, supra I. 72, ultra I. 8, 12 etc.; deinde I. 27 etc., dein I. 22 etc., inde I. 39 etc., unde II. 75, tum I. 63, 104, deinde rursus I. 19 etc., b) der Zeit: primum I. 98, III. 13, c) der Art und Weise: ut I. 2, ita II. 104, quomodo I. 2, 14.

Von substantivischen Attributen, deren sich Mela bedient, sind zu erwähnen: mare Oceanus II. 86, Cuneus ager III. 7; dagegen sind wohl als Adjective zu betrachten III. 8 Scythae Nomades, III. 99 insulae Gorgades. Ueber andere adjectivische Attribute vgl. p. 15. Den attributiven Gebrauch des Adverbiums, welcher zwar zu allen Zeiten zu finden ist, jedoch erst nach Cic. häufiger wird, hat Mela mehrfach und zwar sowohl einfacher Adverbia wie Präpositionalausdrücke. Erstere sind meist Adverbien der Zeit: I. 71 deinde est urbs nunc Pompeiopolis tunc Soloe, I. 97 magno quondam amoris commercio insignis, II. 47 Scironis saxa saevo quondam Scironis hospitio etiam nunc infamia, II. 101 quinque olim oppida, II. 110 Echinades et olim Plotae nunc Strophades, ferner solche, die einen Ort bezeichnen, III. 11 cetera super, III. 60 vasta deinde iterum loca, I. 80 Lycia continuo, III. 102 contra Fortunatae insulae, I. 106 ultra Mossyni turres ligneas subeunt. Zu dem sehr häufigen präpositionalen Attribut tritt nur in seltenen Fällen ein Particip, z. B. I. 85 in recessu posita Euthana und II. 124 Baliares in Hisp. contra Tarraconensia litora sitae. Besonders liebte Mela wie auch Verg., Ov. und Curtius, die mit der Präposition sine statt eines negativen Adjectivums gebildeten Ausdrücke als Attribute zu verwenden, z. B. I. 100 alter sine nomine, cf. III. 47, 58 etc.; als Prädikat stehen sie II. 84 portus Veneris est sine salo, II. 126 sine pernicie et grata est, cf. III. 38. Wie sine steht auch cum attributiv II. 76 in litoribus sunt cum aliquis nominibus loca. Die Apposition zu einem ganzen Satz, welche häufiger erst seit Sallust zu finden ist, hat Mela: I. 1 orbis situm dicere aggredior, impeditum opus et facundiae minime capax.

B. Die Casus.

Accusativ.

Von denjenigen Verben, welche wir durch Intransitiva wiederzugeben pflegen, hat Mela ausser den allgemein gebräuchlichen fugere (bemerkenswert erscheint in alveum aestus solemque fugiunt I. 99) und sequi nebst den Composita consequi, persequi und subsequi nebst consectari sowie deficere nur noch das bei Dichtern und nachklassischen Schriftstellern vorkommende profugere III. 90 cum Lathyrum regem profugeret und exaequare III. 69 paene Gangen magnitudine exaequat, was in der Bedeutung „gleichkommen" nur bei Cornif. und Ov. vorkommt. Hieran schliessen sich noch folgende transitiv gebrauchte Verba: habitare, was im Activ mit Acc. in der Prosa nachklassisch und sehr selten ist I. 60 multas urbes, I. 103; durare = hart machen ausser je einer Stelle bei Caes. und Liv. nachkl. I. 115 Ponti

aliqua brumali rigore durentur, III. 45 adsiduo gelu duran-
tur (= manere intr. II. 11, III. 83 bei Liv., Curt., perdu-
rare III. 78 intr. nachkl.); manere, erst von Liv. in die
Prosa herübergenommen, II. 20 manent dominas proci;
intrare I. 6 terras, öfters pass.; navigare, ausser einer Stelle
bei Cic. in Prosa nachklass., passiv II. 26 non navigata
maria transgressus est; regnare, dicht. und nachkl. bei Plin.
mai. und Tac., pass. II. 24 regnata pars Thraciae; spectare
mit Acc. bei Sall., Liv. und Curt., I. 11 und öfter (mit ad
II. 53, mit in, wie bei Varro, Caes. und Liv., II. 123); prospectare, dicht. und nachkl. bei Curt. und Tac., I. 78 mare,
I. 89 maria; prospicere, .ausser bei Cic. fam. in Prosa
nachkl., II. 87 maria utraque, II. 106 Scyron, III. 50 Rheni
ostia; respicere II. 58 Siculum pelagus (doch ist hier offen-
bar prospicere zu lesen).

Von Verben des Affektes finden sich bei Mela nur das
klass. lugere und zwar activ I. 58; pass. II. 18, an letzterer
Stelle auch deflere. Zu erwähnen ist hier noch das transit.
plangere I. 57 mortuos (dicht.).

Von den Verben der Bewegung, die durch Zusammen-
setzung mit Präpositionen transitiv werden, hat Mela· ausser
den klassischen adire, circumsidere, ingredi, inire, praeterire,
praetervehi, subire, transgredi und transire noch folgende
besonders zu erwähnende: ambire, in lokaler Bedeut. nachkl.,
I. 12 hunc (sinum), III. 79 alterum latus, pass. I. 5 u. III. 22;
antestare III. 54 alias (insulas) und darnach wohl auch II. 75
omnis (colonias) (selten und von Georg. in dieser Bedeut.
nur aus Claud. Quadrig. belegt); circumire, bei Sall. und
Liv., pass. auch bei Caes., II. 67 mare (vielleicht dürfte mit
Rücksicht auf diese Stelle auch III. 70 circum eam isse in
eam circumisse zu ändern sein); circumvehi, noch nicht bei
Cic. und Caes., sonst aber in allen Zeitaltern, III. 90 magnam partem, I. 24 orbem; egredi, mit Acc. bei Caes., Sall.,
Liv. und im silb. Zeitalter, II. 97 fretum (häufiger mit ex
wie bei Nep. und Liv., I. 51, II. 79, 102, mit bloss. Abl.
wie bei den Klassikern III. 90), excedere, in Prosa seit Liv.,
II. 15 ripas suas; pererrare I. 52 eam (selten und nur poet.

und nachkl.); praegredi, bei Liv. und Suet., II. 65 haec;
praenavigare, nachkl. bei Sen. phil., II. 45 illa; praevehi
(spät. Dicht., z. B. Lucan. und Prosaiker) II. 27 Mastusiam;
praeterfluere, bei Sall. und Liv., I. 70 Mallon; transnavi-
gare, bei spät. Dicht. und Pros., pass. II. 32 Athos perfossus
trannavigatusque est.

Bei Dichtern und in der Prosa seit Sallust findet sich
der Accusativ auch nach medialen Verben. Von den bei
Mela vorkommenden hat Dräger I. p. 368 schon angeführt
III. 63 obscena velati und II. 10 totum bracati corpus, doch
kommt dazu noch an letzterer Stelle ora vestiti und III. 51
vitro corpora infecti.

Das Neutrum eines Adjectivums abhängig von einem
intransitiven Verbum findet sich nicht häufig bei den vorklassischen Autoren, selten bei Cicero, öfter bei den Dichtern der august. Zeit und in der späteren Prosa. Mela hat
dasselbe an folgenden Stellen gebraucht: I. 73 per opaca
silvae quiddam agreste resonantis, und III. 95 audiuntur
tibiae sonantes maius humanis.

Den adverbialen Accusativ hat Mela mehrfach: nihil
III. 16, 65, 98, 102, aliquantum I. 102, wichtiger aber sind
ceterum (mehrfach), cetera I. 102 sinuatus cetera, II. 55
hoc mare cetera Gallicis Italicisque gentibus cingitur, pleraque II. 66 pl. asper accessu (ceterum findet sich wie cetera
in Prosa seit Sall., doch nicht bei Klassikern, pleraque wird
erst aus Gell. belegt); I. 116 steht in den Texten noch at
alia steriles, jedoch dürfte mit Rücksicht auf II. 15 ad pabula
fertiles — steriles ad cetera und II. 125 ad alia largior
auch hier ad alia zu lesen sein.

Das Mass der Ausdehnung im Raume wird wie bei Caes.
und Liv. so auch bei Mela durch den Acc. bezeichnet bei
den Verben: patere (sehr häufig), demittere I. 73 (quantum),
se effundere I. 9 (tantum), eminere III. 9 (paullulum), excedere III. 16 (tantundem), se ferre III 40 (plus), incolere
I. 21 (quantum), procedere I. 56 (quant.), prominere II. 37
(multum?), redire I. 56 (tantum), sodann bei dem Substantivum cursus est III. 61 quantum. Bei distare steht die

Massbestimmung neben dem Adv. longe nur III. 41 (multum) und III. 31 (tantundem). im Acc., sonst im Abl., bei abesse neben longe nur im Abl.

Den Acc. der Ortsrichtung fand ich nur bei pessum III. 88 p. et penitus accipere sowie bei dem Ländernamen Aegyptus III. 82 Aegyptum tendere u. 84 Aegyptum exportat (Cic., Caes., Nep., Liv., Tac., Justin.).

Von den Verben, welche neben einem Acc. der Person einen Acc. der Sache haben, hat Mela nur docere mit neutralem Sachaccusativ III. 19 docent multa nobilissimos gentis; precari hat nur einen neutr. Sachaccusativ I. 46. precati quae volunt; für postulare, das bei Mela fehlt, braucht Mela wie auch die anderen in Spanien geborenen Autoren seiner Zeit exigere I. 60, II. 58, III. 34, aber ohne Object.

Ueber den prädikativen Accusativ ist zu bemerken, dass Mela reddo mit einem Adjectivum nirgends, dagegen zweimal facio und dreimal efficio setzt (Cic. gebraucht nach Hildebrand, Progr. Dortmund 1854, facere mit Adj. dreimal so oft als efficere und reddere, Liv. reddere einmal, selten efficere, meist facere). — Die Phrase praecipitem dare statt praecipitare hat Mela III. 37. — Als Ersatz für den prädikativen Accusativ bei habere braucht Mela nur die Präposition pro I. 27 pro vero habent, III. 58 nefas et pro sacrilegio habent; ferner ist hierher zu rechnen I. 45 quos pro suis colant und I. 46 pro responsis ferunt somnia. — Andere Verba mit doppeltem Accusativ sind: credere III. 18 ut hominem optimam victimam crederent (Sall. und Liv.), ausserdem putare, existimare, censere; ferner ausser nominare, appellare, vocare, nuncupare das vorzugsweise dichterische perbibere I. 17 u. pass. II. 124 sowie vocitare I. 103, was von guten Schriftstellern selten gebraucht wird; endlich servare I. 41 quos patrios servant.

Dativ.

Einfache Verba, die mit dem Dativ verbunden werden, hat Mela ausser den allgemein gebräuchlichen nubere, parcere, patere, contigit, libet bez. licet noch cedere in der Bedeutung anheimfallen II. 38 ut quidquid citra esset, popularibus cederet (bei Cic., mehr aber seit Liv. in der silb. Latinität); haerere I. 116 ripis haerentia (Verg. und Liv., wenn nicht Abl. anzunehmen ist) und operari III. 37 sacris operati (t. t. der Opfersprache bei Dicht. und Liv.).

Von den zusammengesetzen Verben mit intransitiver Bedeutung verbindet Mela folgende nach klassischem Gebrauche mit dem Dativ: imminere, incubare, obsistere, occurrere, officere und praeesse sowie das mit der Präpos. cum verbundene concumbere. Besonders sind anzuführen: adhaerere, in Prosa seit Liv. vorkommend, II. 32 continenti, II. 86 illis; adiacēre, seit Liv. in Prosa gebräuchlich, I. 15 Propontidi et Hellesponto und sonst noch sehr oft; adnuere, seit Liv. mit einem Dativ der Sache, I. 88 nomen famae adnuit; adsidēre, in räuml. Bez. seit Liv., I. 110 vasto mari; incumbere, von Cic. mit ad und in, von Verg. ab bei Dichtern und späteren Prosaikern fast nur mit Dativ verbunden, I. 46 ubi tumulis incubuēre; insidere, poet. und nachkl. mit Dativ selten, III. 38 litoribus insident; obiacēre, seit Liv. in der Prosa gebräuchlich, bei Mela sehr häufig z. B. II. 26 Abydo.

Transitive Verba composita mit Dativ finden sich bei Mela: adicere I. 103 famae fidem (der Sprachgebrauch früherer Autoren wechselt in der Rection dieses Verbums); admovere III. 18 devotos altaribus (in der Opfersprache bei Dicht., Liv., Tac u. Amm.); adiungere I. 18 huic Macedonia adiungitur (Perf. bei Cic.); adnectere I. 66 und sonst noch öfter (lokal bei Liv., Curt., Plin.); adplicare, seit Liv., I. 53 litori; die mit con zusammengesetzten transitiven Verba sind bei Mela mit dem Dativ verbunden; es sind dies: coniungere, was selten den Dativ nach sich hat, I. 6 paludi, cf. I. 109 u. II. 104 (Sen. rhet.); committere I. 7 paludi, cf. I. 63 (Dicht., Liv.); consociare II. 117 pelago (Liv.); detrahere III. 93 detr. occisis coria (klass.); exsecare I. 26 elephantino tergori exsecta parma (bildl. schon bei Cic., sonst nachkl.); immiscere, in Prosa seit Liv., II. 9 pecorum visceribus immixta; immittere I. 63 siccis olim regionibus (Dicht., z. B. Lucan.), mit der Präpos. in III. 19 in rogos (Liv., Curt.); in-

ferre, lokal bei Nachklassikern, III. 84 bustis; infigere I. 32
cautibus; infundere, bei Späteren, I. 52 glebis animas, II. 117
Peloponnesiaco litori; ingerere, nachkl. seit Liv., III. 65
ignibus, III. 66 unde Graecis auctoribus aut materia ingessit
aut error, mit der Präpos. super II. 21 signes; insculpere,
in Prosa erst im silb. Latein gebräuchlich, II. 112 cui nomen
eius insculptum est; inserere III. 66 ut femori Jovis insitum
esse dicerent (Liv., dicht.); obiectare II. 29 immanibus equis
(bildl. schon Cic., sonst dicht. und in Prosa seit Liv.); ob-
tendere, in medial. Sinn vom Orte wohl von Mela zuerst gebraucht und dann von Plin. mai. und Tac., I. 20 und II. 23
litoribus; imponere III. 4 scopulo (mit Dat. schon bei
Cic.; dafür setzt Mela zu ponere die Präposition
super II. 103 s. aliena tecta). Mit der Präpos. ad verbunden
steht admittere I. 27 ad quae nunc inundat. — Aus dieser
Zusammenstellung ist ersichtlich, dass Mela den Dativ sogar
noch mehr bevorzugt als Livius, Velleius u. a. nachkl.
Autoren.

Zur Bezeichnung des geistigen Besitzes wird von den
Klassikern esse mit Gen. bez. Abl. qualit. oder inesse in c.
abl. gebraucht, vereinzelt auch der Dativ, z. B. Caesar VII.
77, 8 quid animi fore propinquis existimatis? etc.. Mela setzt
ausschliesslich den Dativ: II. 19 ne feminis quidem segnis
animus est, I. 47 quibus idem ingenii est, I. 117 his iustissimi mores, III. 27 nandi non patientia tantum illis, studium
etiam est.

Die Formel mihi nomen est verbinden die Altlateiner
mit dem Dativ des Prädikatsnomens, Cic., Caes. und Nep.
mit dem Nom., Tac. setzt bei Adjectiven den Dativ, Sall.,
Liv. und Curt. überhaupt zumeist den Dativ, den Genet. hat
zuerst Val. Maxim. und Vell. Bei Mela finden sich alle drei
Casus und zwar der Nom. I. 84 und III. 99, der Dativ:
I. 29 cui Magno est cognomen und II. 7 cui Exampaeo cogn.
est, der Gen.: III. 10 cui oblivionis cognomen est und I. 3
cui mundi caelique nomen indidimus.

Der Dativ des Zweckes oder der Wirkung, bezw., wie
ihn Nieländer nennt, der factitive Dativ findet sich, wie

auch bei Lucan., bei Mela nur selten. Ausser dem auch
sonst häufig zu findenden dono dare III. 43 ist nur III. 35
sitque poenae virginitas und II. 19 moribus datur zu erwähnen. Eben so selten ist der auch sonst nicht häufige,
aber vereinzelt schon bei Klassikern vorkommende Nom.
praed.: I. 46 cum plurimis concubuisse maximum decus,
III. 102 ita adfectis remedium est. Den Dativus relationis hat bereits H a u s e r in dem Progr.
des Staatsgymnasiums zu Bozen 1878 p. 11 ff. genügend be-
handelt.

Ueber den sog. Dativus graecus, richtiger Dativus auctoris genannt, vgl. T i l l m a n n , acta Erlang. II. p. 71 ff.,
wo derselbe folgende Beispiele aus Mela anführt: I. 41 orae
habitantur cultoribus, I. 71 piratis possessa, II. 24 Rhesso
regnata pars Thraciae und III. 47 Geryonae habitatam. Doch
können zu diesen noch hinzugefügt werden: II. 22 Milesiis
deducta Callatis, II. 36 novissime calcatum Graio Herculi
solum, I. 60 ut Homero dictum est sowie III. 70 ut Hip-
parcho dictum est.

Mit einem Substantivum verbindet Mela den Dativ III. 2
causas tantis meatibus und II. 20 ubi nec pugnae nec pe-
cuniae locus sit.

Von Adjectiven, welche den Dativ regieren, hat Mela ausser
adversus, aptus, commodus, gratus, habilis, infestus, noxius
(pernoxius), obvius, par, propior und proximus (prox. ab I.
34, III. 103; propius c. acc. II. 120) noch: bonus und mitis
III. 28 hospitibus boni, mitesque supplicibus (erst. bei Cato, Verg.
und Ov., letzt. bei Ov., Liv. und Tac.); sacer = einem Gott
geweiht I. 26, 39, III. 66 (bei Cic. mit Gen., seit Liv. mit
Dat.); similis verbindet Mela neunmal mit dem Dat. v. Subst,
zweimal mit dem Gen., einmal mit sui; vicinus = benach-
bart II. 77. 110 (Verg.), = ausgesetzt I. 102 aquilonibus
(viell. neu). Hiezu kommen noch die Participia: appositus
und expositus, beide bei Mela sehr häufig vorkommend und
bei Nachklassikern gebräuchlich.

Ablativ.

Der Gebrauch des Abl. loci an Stelle des alten Locativus war im Altlatein sowie bei den Klassikern so eng begrenzt, dass ausser Städtenamen nur wenige Appellativa wie locus, via etc. in diesem Casus vorkommen; derselbe nimmt aber mit Livius einen grösseren Umfang an und wird auch von Mela öfters gebraucht. Hierher gehören ausser den auch sonst häufigen Fällen wie suis locis, aliis locis, altera parte, dextera positi und toto corpore folgende Beispiele: I. 78 mari, quo pugnatum est (dageg. II. 112 in medio mari), I. 91 is (sinus) primo (gremio) parvis urbibus aspersus est, gremio interiore, I. 34 litore eius adpositum (Liv., Verg.), II. 1 sinistro latere adposit. I. 57 intimis aedium, I. 106 propatulo vescuntur, II. 31 quo relinquitur aggere manet; über haerere vergl. p. 33 z. Dat. — Der Ort, über den sich eine Bewegung erstreckt, wird durch diesen Abl. bezeichnet III. 38 freto inrumpere, I. 74 brevi alveo magnum impetum trahit, I. 23 perpetuo tractu inhabitabilis, III. 95 longo tractu longis litoribus obductus (sich hinziehen), III. 97 spatio, quo absconditur, effici.

Zum Abl. temporis ist Folgendes zu bemerken: Auf die Frage „wann?" setzt Mela ausser den auch sonst häufigen Abl. initio, hac nocte, aestate, hieme und mehreren mit Attributen versehenen Abl. diesen Casus bei solstitium I. 54 (Hor.) sowie bei dem keinen Zeitbegriff enthaltenden aestivum sidus I. 52, womit Verg. 9, 668 zu vergleichen ist (hiberno sidere). Bisweilen ersetzt er diesen Abl. durch in z. B. I. 43 in quiete und per z. B. per id tempus III. 57, per ea tempora I. 53 (Liv.) etc. — Auf die Frage „innerhalb welcher Zeit?" steht der Abl. III. 53 exigua parte diei. — Wird durch ein numerales Adverb bezeichnet, wie oft etwas in einer Zeit geschieht, so wird von Klassikern die Präposition in gesetzt. Mela gebraucht, wie schon vor ihm Cato und auch nach ihm Plin. mai. den blossen Ablativ II. 108 septiens die ac septiens nocte. — Der Abl. statt des Acc. wird erst im silbernen Latein häufig; er ist nach Rebling p. 22

aus der Volksspr. (span. Grabinschr.) in die Prosa überge-
gangen (Sen. rhet. und sehr häufig Lucan., cf. Obermeier
p. 63/64). Derselbe findet sich bei Mela III. 19 vicenis annis; III. 36 sex mensibus dies... continua est, III. 83 quin-
gentorum annorum aevo durare, III. 46 annorum, quis
manet, ab Iliaca tempestate principia sunt.

Der Abl. separationis wird bei Mela nirgends· mit einfachen Verben, selten mit zusammengesetzten Verben verbunden: decĭdere III. 24 Alpibus (einmal bei Caes., dann bei
Dicht. und nachkl. Pros.); decīdere III. 88 folia proximis
decisa frondibus (Plin. mai.); differre I. 32 saxa non differen-
tia marinis (viell. neu); egerere II. 1 terra (Col.); erumpere
II. 30 maiore alveo (Caes., Sall., auch später selten); pro-
hibere III. 53 pabulo. — Den blossen Abl. oder den von
einer Präposition abhängigen Abl. verbindet Mela mit: ab-
scindere II 82 proximis (Dicht.), III. 46 a continenti (Cic.)
defluere III. 62 frondibus (Sall. fr., Hor.), ex I. 53 ex immanibus Aethiopiae iugis (Plin., Lact.); delabi II. 4 diversis
frontibus (Verg.), ex III. 21 (Cic,, Liv.); demittere III. 40
Tauri latere (seit Liv.), ab I. 93, II. 80; effundere II. 78 na-
vigabili alveo (Verg., Liv.), ex III. 1; über egredi siehe Acc.
pag. 30. — Nur mit Präpositionen werden bei Mela verbunden: abducere (a), abesse (a), abire (a und ex), abluere (de
II. 31 de aris Lucr., findet sich weder bei Kühner noch
bei Dräger), abscedere (a), abripere (ex), amittere (ex se;
Cic. de, Liv. ex), deicere (ex), degredi (ex), descendere (ex),
diffundere (a, Caes.), dirimere (a I. 18, II. 8 seit Liv.),
distare (a), discernere (a), disterminare (a I. 101 ab Asia,
Luc., Plin.; dist. Nomadas Georgosque II. 5), distinguere (a),
emergere (ex), eruere (ex), excedere (a), exigere (ex), exire
(ex), profluere (ex), separare (a), submovere (a II. 48 Liv.).
Daraus ist ersichtlich, dass Mela im Gebrauche des Abl.
separationis sich nicht weit von dem klassischen Gebrauche
entfernt, indem er, während die anderen nachklassischen Prosaiker dem blossen Abl. den Vorzug geben, mehr den von
Präpositionen abhängigen Abl. verwendet. — Procul findet
sich bei Mela nur mit a c. abl., ebenso profugus.

Der Ablativ des Ursprungs steht bei den Participien: concrescens III. 84 putrescentium membrorum tabe; conceptus III. 68 multis fontibus, III. 69 pluribus alveis, III. 97 hoc fonte; editus III. 41 vicinis fontibus; exsurgens II. 61 novem capitibus; extollens I. 74 se ingenti fonte; bei ortus II. 6 e fontibus, exortus II. 62 ab imis radicibus, III. 69 ex monte Caroparnaso und oriundus II. 77 a Phocaeis finden sich nur Präpositionen. Mit dem Verbum finitum verbindet sich der blosse Abl. II. 8 apertis in Germania fontibus exoritur (dagegen regelmässig III. 5 ex novo fonte und II. 7 oritur ex grandi palude); zu vergleichen ist noch I 45 qui tam confuso parentium coitu nascuntur und I. 83 raro nascitur nec coitu pecudis; doch sind diese letzten Abl. vielleicht besser als causale zu fassen.

Der Abl. comparationis, zu welchem Wendungen wie multo aliter a ceteris überleiten (I. 57), (vergl. Plin. n. h. 18, 13, 34 quando aliis usus praestantior ab his non est), ein Gebrauch, der besonders bei den Afrikanern sehr beliebt ist, steht gewöhnlich für das Subject, seltener für das Object. Für letztern Gebrauch bietet auch Mela ein Beispiel III. 23 nec portu quidquam notius habent; vgl. III. 62 alit formicas non minores maximis canibus.

Statt des Verbums bibere, das von Plaut., Vergil., Sen. phil. mit dem Abl. verbunden wird, steht bei Mela das Verbum perpotare mit Abl. II. 13 binis poculis perpotant.

An bemerkenswerten Causalablativen bietet Mela folgende a) den innern Beweggrund bezeichnende Beispiele: II. 83 verine ignorantia an prudentibus etiam mendacii lubidine visum est tradere posteris und III. 52 se frequenter invicem infestant maxime imperitandi cupidine studioque ea prolatandi quae possident. Ein Participium findet sich bei Mela mit diesem Abl. nicht verbunden. Die äussere Ursache wird b) bezeichnet I. 64 eo signo accolae adfirmant, I. 22 cui totius regionis vocabulo cognomen inditum est Africa, I. 70 hac re sinus Issicus dicitur (I. 105 ideo Amazonium vocant (cf. II. 5), ideoque I. 47, II. 11 et ideo I. 74, II. 64, III. 97), III. 37 semper otio laeti; andere Beispiele zum cau-

salen Abl. sind segnitiâ gentis obscura I. 28; III. 64 priusquam annis aut aegritudine in maciem eunt und vielleicht
auch I. 83 raro nascitur nec coitu pecudis, vgl. pag. 38.
Was den Gebrauch des abl. instrum. bei Mela betrifft, so
möchte ich Stellen wie I. 28 parvis oppidis habitatur und II.
112 centum quondam urbibus habitata nicht wie Dräger
(I. p.525) dem Abl. loci, sondern dem abl. instr. zuweisen. —
Eine besondere Vorliebe zeigt Mela für die Verwendung des
Verbums adficere zur Bildung von Phrasen wie facie positi
ensis adfecta est II. 5 und III. 62 ut elephantos morsu et
ambitu corporis adficiant. Von weiteren Verben, die mit diesem
Ablativ verbunden sind, sind zu nennen: abdere III. 92 sinu
(einmal bei Cic., dann bei Dichtern und nachklass.); includere
III. 84 ossa inclusa murrâ (seit Liv.); tenere I. 63 regno,
I. 106 custodia, III. 34 non se urbibus tenent et ne statis
quidem sedibus; accipere I. 17 primo sinu, I. 57 capitibus-
humeris, II. 79 Lemanno lacu, III. 41 eodem lacu, III. 31
gremio (Dicht., Plin. mai., Tac.); alere I. 44 (bei Dräger
nicht zu finden) und epulari III. 64 visceribus (Verg.). — Zur
Bezeichnung des Stoffes, aus welchem etwas gemacht wird,
bedienen sich die Dichter des abl. instrum.; aber auch bei
Mela finden sich einzelne Beispiele für diesen Gebrauch: I.
41 vasa ligno fiunt aut cortice, III. 86 auro vincla sontium
fabricant, II. 13 pocula inimicissimorum capitibus expoliunt
(= expoliendo efficiunt), ferner marmore exstructus ac tectus
I. 56 und lapidibus exstruct. I. 55, womit indessen das
klass. mensae exquisitissimis epulis exstructae verglichen
werden kann. — uti, potiri und vesci haben die gewöhnliche
Construction; constare steht wie schon bei Cic. in der Bedeutung „bestehen aus“ mit dem blossen Ablativ; ebenso
setzt Mela zu agnoscere den Abl. I. 45 formae similitudine
agnoscunt statt der häufigeren Präposition ex. — Zur Bezeichnung sächlicher Mittel bedient sich Mela wie auch schon
bisweilen Cic. statt des instrumentalen Ablativus der Präposition ab III. 96 corruptus a barbaro ore; I. 42 aber möchte
ich statt des in den Texten stehenden ut a pabulo ducta
sunt lesen ut ea pabulo ducta sunt.

Der abl. copiae findet sich bei Mela ausser nach abun-
dare (mehrmals) nur noch bei dem wenn auch in klassischer
Zeit nicht vorkommenden, so doch sonst nicht seltenen Verbum scatere II. 125 multo ac malefico genere serpentium,
III. 62 vario genere. Von Adjectiven haben bei Mela ausser
den auch sonst gebräuchlichen refertus und praeditus diesen
Abl. nach sich: dis III. 51 pecore ac finibus, III. 67 marinis
opibus (dichter. und nachkl. bei Justin.); frequens III. 17
noxis genere animalium (Verg., Liv., Curt.); fecundus I. 116
pabulo, II. 125 frumentis (Hor. mit Gen., Verg. und Ov. mit
Abl.); fertilis III. 47 agris (Verg., Plin. mai.); luxuriosus III.
53 herbis (viell. ἅπαξ εἰρημένον) und plenus II. 108 pl.
ventis navigia (vereinzelt auch bei Cic. und Caes., aber
überall häufiger mit dem Gen. verbunden). Von Verben des
Mangels hat Mela ausser carere und vacare nur egere (cf.
p. 43).

Häufig ist bei Mela ˗der Abl. modi. Von attributlosen
Abl. dieser Art kommen ausser more, merito, ordine, arte,
condicione vor: astu III. 43 (Dicht., Liv. und Spätere); facie
II. 27 iugo facie vallis includitur und III. 31 facie amnium
spargitur und imagine II. 64 inflexi cubiti imagine und III.
106 imagine hominis iacentis (zur letzteren beiden fand ich
keine Belegstelle bei anderen Autoren). Von den mit einem
Attribut verbundenen Abl. modi erwähne ich nur aequa por-
tione III. 73, was nachkl. ist. -- Wichtiger sind diejenigen
Abl. modi, in welchen der Ablativ die Erscheinungsform des
Subjectes oder Objectes zur Zeit der Handlung angibt: I. 53
nubes imbre praecipitant (Kern p. 36; Verg. Aen. 10,
803 grandine nimbi praecipitant), I. 95 una flamma ar-
dere, III. 5 uno amne decurrit, III. 73 grande ostium quasi
cervice complectitur; wahrscheinlich auch I. 10 ora ripis descendit, I. 16 paene ut directo limite extenta est und I. 61
Cassio monte attollitur.

Der abl. qualitatis ist bei Mela selten; zu erwähnen sind
nur III. 56 equinis auribus Hippopodas und II. 54 facit sinus qui
angustis faucibus etc., sowie III. 103 Himantopodes inflexis
lentis cruribus; doch dürfte an letzterer Stelle für inflexis

innixi zu lesen sein. Oefter steht er praedic., z. B. I. 10, 37, 45, 109, III. 9 etc. .

Häufiger gebraucht Mela den Abl. limitationis an Stelle des Abl. qualitatis z. B. III. 63 corpore ingentes, III. 26 immanes animis et corporibus, III. 96 corporibus similes, II. 66 modicus spatio, III. 45 auctoritate certior, I. 86 artibus princeps, II. 81 tenuis aditu, II. 66 asper accessu und III. 28 victu asperi. Im übrigen weicht Mela im Gebrauche dieses Abl. nicht von der allgemein gültigen Norm ab.

Dem Abl. pretii wird zuzurechnen sein I. 83 bella mercedibus agunt und II. 21 mercede quaeruntur.

Ein Abl. mensurae ist wohl anzunehmen III. 86 in illis mos est cui potissimum parant specie ac viribus legere.

Der Abl. differentiae hält sich bei Mela in den bei den Klassikern üblichen Schranken; zu erwähnen ist allenfalls nur II. 107 angusto freto distat a litore. Vergl. über den Acc. p. 31 unt.

Einen Abl. absolutus fand ich II. 6 turbidis aliis liquidissimus defluit.

Genetiv.

Der Gen. subiectivus der Personalpronomina, welchen die Klassiker sehr selten, Sall. einmal, Liv. nirgends, häufiger dagegen Valerius Maximus, Sen. phil. und Tac. gebrauchen, findet sich bei Mela II. 22 alter sui flexus, II. 124 ex spatio sui und III. 105 in finem sui.

Den Gen. possessivus hat er III. 13 Artabri etiamnunc Celticae gentis und I. 104 Tios opp. iam soli gentisque Paphlagonum; ferner wird durch diesen Gen. bei Mela wie auch bei Caes., Liv., Curt. und Flor. die Hauptstadt eines Stammes bezeichnet II. 22 Luna Ligurum, II. 75 Vasio Vocontiorum, Vienna Allobrogum etc., II. 78 Maritima Avaticorum; endlich ist auch dazuzurechnen II. 42 Pisae Oenomai. — Nicht den Gen. erwartet man dagegen an Stellen wie II. 12 interius habitantium ritus asperior et incultior regio, III. 74 Arabici (maris) et os latius et latitudo minor est und I. 48 Aegypanum quae celebratur ea forma est. — Der Gen. auctoris ist zu finden II. 24 Bisanthe Samiorum und II. 60 Patavium Antenoris.

Mehrfach kommt bei Mela auch der Gen. qualitatis vor; doch sind nur die Beispiele erwähnenswert, in denen der Gattungsbegriff zu ergänzen ist, wie II. 33 Palene soli tam patentis, II. 81 Atax. ... etiam ingentis alvei (das im Texte folgende tenens ist jedenfalls in tamen zu ändern), vergl. ferner II. 100, 123, III. 62. Auffallend ist die doppelte Ellipse I. 83 habitant incertae originis.

Bezüglich des Gen. totius in seiner Abhängigkeit von neutralen Adjectiven verweise ich auf p. 14 und 15. Bemerkenswert scheint besonders, dass bei Mela dieser Genetiv wie auch bei Liv. (Dräger I. p. 457) von Nom. propr. abhängt II. 122 quorum Corsica litori propior, II. 2 Scytharum .. Arimaspoe, III. 29 silvarum Hercynia et aliquot sunt, quae nomen habent (wenn man hier nicht den Relativsatz als Superlativ fassen will) und I. 105 amnium Halyn et Thermodonta (doch kann man an dieser Stelle vielleicht einen Superlativ als Regens aus dem vorausgehenden clarissimas (scil. urbes) habent ergänzen. In allen übrigen Fällen weicht Mela im Gebrauch dieser Genetivform nicht von den allgemein gültigen Normen ab. — Ersetzt wird dieser Genetiv durch die Präpositionen ex, de (am häufigsten) und inter; von den hierher gehörenden Beispielen erwähne ich II. 88 urbium de mediterraneis clarissimae, II. 40 de locis maxime memoranda (dagegen montium maxime memoratur II. 119), II. 125 quae de agrestibus mitia sunt und II. 113 inter colles fama Idaei montis excellit.

Zum Gen. obiectivus sind aus Mela folgende Beispiele als bemerkenswert zu verzeichnen: I. 102 commercium aliarum gentium, II. 49 fide societatis Atticae, III. 49 propriarum rerum fidem, III. 26 adsuetudine laborum et maxime frigoris, I. 64 und III. 11 titulus Augusti, II. 83 lubido mendacii, III. 37 satietas vivendi magis quam taedium, I. 61 emporium suarum mercium, I. 81 fabula Eudymionis, II. 36 f. gigantum, I. 108 f. pellis aureae etc.. — Der schon bei Nepos vorkommende, aber vorzugsweise dem silbernen Zeitalter

eigentümliche Gen. obi. sui findet sich auch einmal bei Mela
I. 1 ipsa contemplatione sui. — Nirgends wird bei ihm derselbe durch Präpositionalausdrücke vertreten.

Von Adjectiven und Participien, die bei Mela mit dem
Gen. verbunden sind, sind ausser den auch bei Klassikern vorkommenden amans, expers und ignarus besonders
hervorzuheben: egens II. 15 lignorum (bei Sall., Verg., Hor.
und Curt. zu finden, der Abl. dagegen steht III. 71 cultoribus); capax, von Liv. in die Prosa eingeführt, I. 1 facundiae; ferax, ebenfalls erst seit Liv. in der Prosa zu finden,
III. 17 pabuli, III. 79 cinnami et turis aliorumque odorum;
impatiens, seit Liv. in der Prosa zu finden, III. 17 frigoris;
patiens, bei Sall., Liv. und Späteren vorkommend, II. 16
eorum, quae seruntur (mit Acc. steht es bei Mela I. 51 navigia patiens); plenus, auch bei Klassikern mit dem Gen.
verbunden, III. 60 genus plenum iustitiae (über plenus c.
abl. vergl. p. 40).

Die in dieser Abhandlung nicht berührten weiteren Formen des Genetivs fehlen bei Mela, wenn man nicht allenfalls amoris commercium I. 97 als Gen. causae und imber
lapidum II. 78 als Gen. epexeg. gelten lassen will.

C. Praepositionen.

a) mit dem Accusativ:
Ad im Sinne von apud die Ortsnähe bezeichnend gehört
der Vulgärsprache an. Mela hat es in dieser Bedeutung
ausser an der schon von Dräger verzeichneten Stelle III. 19
vitam (esse) alteram ad manes mehrmals, z. B. I. 14 ad
Tanaim, II. 89 ad Rhodas — Emporias, III. 70 ad Tamum;
auch I. 105, wo at in ad (Thermodonta) zu ändern ist, gehört hieher. — Das temporale ad ist nur durch das nach
Dräger (I. p. 578) erst bei Justin, nach Riemann (p. 100)
aber bereits bei Liv. vorkommende ad postremum vertreten
(I. 94, II. 62, III. 21). — Die Coincidenz zweier Handlungen
bez. die Veranlassung wird selten bei Cic., öfter bei Liv.
durch ad bezeichnet; Mela hat diesen Gebrauch nur III. 2
ad ortus eius occassusque variantur (meatus maris). —

Häufigen Gebrauch macht Mela von dem limitativen ad:
II. 16 non ad speciem, ceterum ad ferociam et numerum maxime ferax, II. 35 pares ad famam, II. 15 fertiles ad pabula,
steriles ad cetera, II. 125 largior ad alia, I. 65 eximius ad
belli pacisque munia. — Die Folge wird, wie auch besonders
seit Liv., bei Mela durch ad bezeichnet I. 52 efficax ad
generandum alendumque, III. 56 ad ambiendum corpus omne
patulae (aures), III. 88 infirmus ad sustinenda, III. 53 ini-
quus ad maturanda semina I. 55 quam ad navigandum mag-
nis onustisque navibus satis est. — Der finale Gebrauch von
ad bietet bei Mela nichts Bemerkenswertes ausser II. 94 ad
ordinem facit (mentis); dagegen ist das vulgäre mirum ad
modum I. 32 statt mirum in modum hervorzuheben. — Die
selten vorkommende Bedeutung von praeter hat ad III. 26
ad insitam feritatem vaste utraque exercent. —

apud steht bei Mela nur III. 48 quae apud alios insana-
bilia sunt.

adversus kommt bei Mela nur einmal in regelrechter
Weise vor I. 78 adversus Phoenicas et Persas navalis
pugna atque victoria fuit; desgleichen nur einmal das seltene
versus in lok. Bedeutung bei einem Ländernamen II. 120
Africam versus (Kühner II. p. 391).

ante gebraucht Mela mehrmals als Adverb. Als Präposition steht es in lokaler Bedeutung II. 35 und in tempo-
raler II. 56, III. 13.

circa steht adverbiell I. 99; präpositional vom Orte bei
Verben der Ruhe I. 14, 50, II. 28, 120, III. 27; circum
findet sich nur III. 70, doch ist hierüber zu vergleichen
p. 30 (circumire).

contra als Adverb wird öfter verwendet. Als Präposition
wird es erst in klassischer Zeit gebraucht und steht bei
Caes. und den folgenden Historikern zur Bezeichnung der
Lage. Mela hat es mehrfach in dieser Bedeutung II. 99,
102, III. 99. Die Himmelsrichtung bezeichnet es wie bei
Caes. und Plin. mai. II. 79 contra occidentem ablatus. An-
zufügen ist noch der Ausdruck dimicare contra II. 78 u.
III. 81.

extra wird öfters adverbiell gebraucht, dagegen nur einmal als Präposition II. 53.

Bezüglich des Gebrauches von inter ist nur I. 57 lutum inter manus zu erwähnen, im Gegensatz zu dem folgenden Abl. instrumenti calcibus, ein Gebrauch, der klassisch ganz selten ist.

intra steht häufig als Adverb, ganz vereinzelt als Präposition.

iuxta, das zwar schon bei Caes: b. c. und Nep. als Präposition vorkommt, aber erst im silbernen Zeitalter häufiger wird, hat Mela I. 51, II. 80, III. 11. Zum adverbiellen Gebrauch ist nur I. 115 aestus hiememque iuxta (= in gleicher Weise) ferens zu erwähnen, womit zu vergleichen ist Sall. Jug. 88 hiemem et aestatem iuxta pati.

ob ist die einzige causale Präposition, die Mela gebraucht und zwar vorzugsweise zur Bezeichnung eines Sachgrundes. Die schon bei Plaut., dann aber erst wieder von Sall., Liv. und Tac. häufiger gebrauchte Formel ob id findet sich bei Mela häufig (I. 42, 53, 76, 87, 99, III. 40, 98), nur einmal dagegen das klassische quam ob causam I. 71. — praeter bezeichnet bei Mela nur die Ausnahme (I. 48, 52, II. 94, III. 45, 75).

per wird von Mela in lokalem Sinne gebraucht, um die Verbreitung im Raume auszudrücken I. 52; ferner findet es bei ihm Verwendung, wenn sich die Bewegung auf die Länge eines Weges erstreckt II. 1; instrumentale Bedeutung hat es II. 62, 67. III. 37. Im modalen Sinne steht es wie bei Sall. I. 58 per imprudentiam, vielleicht auch III. 37 per se fertilis. Häufig findet es sich auch zum Ausdruck der Zeit wie besonders bei Liv. z. B. I. 39, 53, III. 57, 61. Endlich steht es noch in der Schwurformel per deos deierare I. 46.

post steht häufiger als Adv. denn als Präposition in regelrechter Weise.

prope als Präposition ist nicht häufig bei Mela und hiefür nur prope verum est III. 70 zu erwähnen. Ueber die Construction der Steigerungsgrade vergl. p. 35, und über den adverbiellen Gebrauch p. 20.

secundum in lokaler Bedeut. findet sich I. 83, 105, II. 6, 57, 80, III. 11.

supra steht mehrmals als Adverb. Als Präposition ist es von Mela in der erst seit der augustinischen Zeit gebräuchlichen Bedeutung „über — hinaus" von der Zeit gebraucht I. 59 supra tredecim aetates.

ultra kommt sehr häufig (24 mal) als Adv. vor, 5 mal als Präposition in lokaler Bedeutung, desgleichen trans nur lokal.

b) mit dem Ablativ.

Bezüglich des Gebrauches von a und ab, welch letzteres sich auch vor den Consonanten s und t findet, ist nur die auch bei Liv. vorkommende Verbindung quies ab armis II. 5 zu erwähnen.

Zu e und ex, welch letzteres bei Mela vor allen Consonanten steht mit Ausnahme von b und r, während e sich nur zweimal vor f und je einmal vor p, q, r und t findet, ist anzuführen, dass Mela das Livianische magna ex parte statt des klass. magnam partem und statt partim — partim ex parte — ex parte I. 52 verwendet. Weiterhin ist zu bemerken, dass Mela ausser dem gewöhnlichen e regione II. 125 auch das nachklassische ex diverso I. 6 u. 8 und das von Liv. eingeführte ex adverso I. 27 gebraucht. Endlich ist noch die seltene Verbindung ex spatio I. 20 zu erwähnen im Sinne von „nachdem es breit gewesen ist".

Der Gebrauch von de und sine bietet bei Mela nichts Bemerkenswertes. — Ueber pro vergl. p. 32, über cum p. 29.

c) mit dem Accusativ und Ablativ.

in mit dem Acc. bezeichnet in lokalem Sinne unter anderem die Ausdehnung I. 9 in latitudinem und öfter, wofür Mela auch in latum patens I. 112 und in latius extendere I. 89 setzt (wahrscheinlich ist auch II. 38 statt in latus (effunditur) zu schreiben in latius), I. 6 exit in spatium und I. 55 in circuitum patens. — In temporalem Sinne steht es nur I. 46 in relicum; dagegen ist es fraglich, ob nicht III. 95 statt in diem, was dem folgenden nocte entspricht, in die zu setzen ist. — Das consecutive in, welches sich bei Verg., Liv. und Tac. findet, hat Mela III. 102 risu solvuntur

in mortem, II. 97 in pollinem usque contusa (mit usque bei
Liv. und Hor.), I. 89 abit in paene insulae faciem, I. 29 in
ordinem expositi, II. 111 in orbem iacent und III. 64 in
maciem eunt, II. 14 in lupos mutari. — Der finale Gebrauch
von in, der erst mit Liv. häufiger zu werden beginnt, findet
sich bei Mela nur I. 42 in commune consultant und bei den
Pronomina demonstrativa hic und ille (wie bei Liv.) II. 19
in hoc contendere und III. 48 in id tantum profectis. — Die
Verteilung wird durch in ausgedrückt III. 7, 38, 50. 68, 77,
I. 42. — Nach dem Vorgange des Liv. setzt Mela auch ad-
verbielle Ausdrücke wie: in tantum = so sehr II. 104, in
quantum II. 57 und in unum III. 36. — II. 24 in radicem
magnae paene insulae sedens ist wahrscheinlich in radice zu
lesen.

Für in c. abl. ist nur das Eine als vom gewöhnlichen
Sprachgebrauche abweichend zu bemerken, dass es III. 39 in
eo sinu fluunt statt in c. acc. steht; dagegen steht umge-
kehrt III. 2 quo residant maria. — in Gallia und in Hispania
II. 124 bedeutet „zu Gallien, bez. Spanien gehörig". ·

subter c. acc. kommt in vorklass. und klass. Zeit sehr
selten vor und findet sich häufiger erst bei den klassischen
Dichtern und späteren Prosaikern. Mela hat es II. 117
subter maria depressus und I. 54 subter maria caeco alveo
penetrare.

super = über hinaus, jenseits gebrauchen Sall., Verg.
und Liv.. Aus Mela ist hiefür anzuführen I. 23 super ea ...
Aegyptii sunt und III. 53 super Britanniam Juverna est. —
Wie bei Liv., der solche Ausdrücke mehrfach gebraucht,
wird bei Mela die Wiederholung durch super ausgedrückt
I. 56 alium super alios und III. 102 aliis super alios in-
nascentibus. — super bezeichnet „auf — herab" I. 53 super
principia = fontes und II. 21 super ignes semina ingerere. —
Adverbiell steht es II. 90 und als adverb. Attribut III. 11.

sub verbindet Mela nur mit dem Abl. in durchaus regelrechter Weise.

Anschliessend an diese Zusammenstellung ist bezüglich
der Wiederholung oder Auslassung der Präpositionen für

Mela Folgendes zu bemerken: die Präposition wird bei den mit et, atque und que verbundenen Wörtern regelmässig ausgelassen; wiederholt wird sie

1) wenn die copulative Conjunction für et — et steht, z. B. I. 112 in lacum et in mare, cf. I. 51 ad Delta et ad Melyn it;

2) in der Corresponsion bei:
modo — modo II 115,
nunc — nunc III. 1,
aut — aut III. 19,
non modo, sed etiam I. 99,

3) in der Anaphora:
I. 29 ob numerum Septem, ob similitudinem Fratres nuncupantur,
III. 75 sine veste ac fruge, sine pecore ad sedibus; sonst bei Copulativ- resp. Adversativpartikeln nur in folgenden einzelnen Fällen:
III. 44 sine ambitu ac sine fine und I. 35 ob vadorum frequentium brevia magisque etiam ob alternos motus pelagi.

que wird bei Mela nur mit inter I. 77, 84 u. II. 30, per III. 11, 41 und in III. 59 verbunden.

Ein Wechsel der Präpositionen findet sich bei Mela nur I. 18 in occidentem, diuque etiam ad septentrionem.

Der zusammengesetzte Satz.

Die Beiordnung.

Vom einfachen Satz leiten zum zusammengetzten über
die Parenthesen, deren Mela substantivische, adjectivische
und conjunctionale gebraucht. Von diesen kommt die erst-
genannte Art am wenigsten häufig vor und zwar in der
ziemlich gleichen Ausdrucksweise I. 38 pacti de integro —
mirum et memoria dignissimum facinus — hic se vivos
obrui pertulerunt und II. 26 terras ausus pontibus iun-
gere — mirum atque ingens facinus — ex Asia pedes
et non navigata maria transgressus est. — Adjectiva in der
Parenthese hat Mela III. 51 — incertum ob decorem an
quid aliud — vitro corpora infecti (Liv., Curt., Tac., Suet.
und Justin.), I. 71 quia — ignotum quam ob causam —
iacta in id saxa dissiliunt. Hinzuzufügen ist hier noch der
Ausruf in quantum res transeunt! II. 57. — Die conjunctio-
nalen Parenthesen werden bei Mela eingeleitet durch: et
I. 37 et id promunturium (kaum vor Sall., häufiger aber
bei Liv.); autem III. 66 sunt autem plurimae (Cic., Liv.,
Petron.); nam I. 31 nam in medio sita est, II. 16 nam et
illis (Ter., Cic., Sall., Sen.); namque I. 55 tres namque sunt
(Verg., Liv., Curt.); enim I. 1 constat enim, II. 97 inde enim
videtur commodissimum incipere, III. 1 ita enim motus eius
adpellant. Eine ungewöhnliche Parenthese, für die Hand
Turs. II. p. 546 ausser je einer zweifelhaften Stelle bei Cic.,
Cels. und Tac. aus Scribon. Largus und Hieron. Belege anführt, hat Mela ferner II. 1 et huc enim pertinent (Voss
liest hier nam et illis; allein es besteht kein Grund von der
Lesart der Handschriften abzuweichen). Ausser den genannten sind endlich noch anzuführen III. 70 ita veteres

4

tradidere, II. 3 si creditur und I. 32 si fidem res capit, das
sehr häufig vorkommende ut nicht zu rechnen.

Die Conjunction et mit folgender Negation ist vorklas-
sisch selten, häufiger bei Cic., Cornif. und Liv., seltener bei
Caes. und Sall., häufig wieder bei den Nachklassikern. Auch
bei Mela kommt dieser Gebrauch mehrfach vor und zwar
hat er et non I. 20, 32, II. 7, 116, III. 71, et nusquam
II. 107, III. 78, et nullus I. 26, II. 6 und et ne — quidem
III. 34.

Die Verbindung zweier Gedanken durch et, atque, que
und neque statt einer adversativen Conjunction, welche sich
bei den Altlateinern, Klassikern, dann bei Nep., Liv., Curt.,
Petr. und Tac. findet, begegnet auch bei Mela wiederholt
und zwar et I. 50, 56, II. 52, 92, atque I. 58, II. 25, 123,
neque I. 99, III. 2, 27; das seltenere que fand ich in dieser
Bedeutung auch bei Mela nur I. 35 magisque etiam ob alternos motus.

et in der Bedeutung „auch", was seit Cic. häufiger wird,
kommt auch bei Mela häufig vor. In Verbindung mit Partikeln steht es III. 61 sed et, I. 107, III. 52 u. 90 verum et,
II. 16 nam et, II. 83 quin et (I. 64 quin etiam), III. 29
ut — ita et.; ferner gebraucht er es vor Pronomina z. B.
I. 37 et id, III. 58 et illis, vor Adjectiven II. 92 et alias,
III. 69 et alia, I, 81 et totus, vor Substantiven I. 11 et septentrionem, III. 18 et facundiam suam und vor Eigennamen
z. B. I. 66 et Tyros, II. 103 et Canopos, I. 105 et Amazo-
num castra.

Auch in erklärendem Sinne gebraucht Mela diese Conjunctionen häufig; doch ist nur das seltener vorkommende
que zu erwähnen, was auch Mela nur einmal hat II. 87 pars-
que eius Tarraconensis vocatur.

Was die Conjunctionen bei eng verbunden Begriffen betrifft, so hat Mela statt der gewöhnlichen Verbindung magis
magisque (III. 14) auch die seltenere magis et magis II. 86,
statt longe lateque (I. 6, 113, II. 73) auch das von Liv. gebrauchte longe ac late III. 24 (vgl. passim et late II. 78),
statt diu multumque das seltenere diu et multum III. 41

und endlich das bei Liv. und Plin. mai. zu findende minus ac minus III. 74. — Statt alius atque alius hat Mela nur die Verbindung mit que I. 14 alio alioque fine, I. 62 aliis aliisque nuncupata nominibus cf. I. 109 ut aliis aliisve adpositi gentibus, ita aliis aliisque dicti nominibus, II. 59 aliae aliaeque gentes und III. 1 non alios aliosque invicem. In der Verbindung von huc und illuc hält sich Mela an den klassischen Gebrauch (I. 102, II. 38 u. III. 24).

que etiam, was zu den seltenen Verbindungen gehört, hat Mela mehrfach: (I. 6 rursusque etiam)', I. 19 diuque etiam, I. 65 terrasque etiam, I. 65 aliasque etiam, II. 63 suumque etiam in mari alveum tenet, II. 74 ideoque etiam, II. 83 nostrisque etiam auctoribus, II. 86 auroque etiam.

et — etiam, ebenfalls selten, findet sich II. 45 et in his caesorum etiam Laconum tropaea in steigerndem Sinne III. 62 ut veluti navia binos et quaedam ternos etiam vehant.

et — quoque, bei Klassikern nur zweimal vorkommend und auch bei Liv. noch selten, steht bei Mela III. 77 sed et vaste quoque.

etiam non, gleichfalls selten, findet sich III. 88 ut folia etiam proximis decisa frondibus non innatantia ferat.

et ne — quidem statt ac ne — quidem hat Mela nach dem Vorgange des Liv. gebraucht III. 34 non se urbibus tenent et ne statis quidem sedibus. — Ungewöhnlich ist ferner II. 16 sed nec eius quidem fructus maturat. — Selten wird endlich auch die Verbindung nec — et non gebraucht, die sich bei Mela I. 20 findet: nec usquam Asiae et non totis huius litoribus obtenditur.

Zum Wechsel der Conjunctionen bei Mela ist Folgendes zu bemerken:

et — atque findet sich II. 9 Essedones funera parentium laeti et victimis ac festo coitu familiarium celebrant, II. 34 urbes Toronen et Myscellam atque Megybernam; atque — et I. 35 importuosus atque atrox et infestus, I. 95 cogit se ac rotundat et fit ingens globus; que — et III. 96 minores incultique sunt et nomine Hesperion; diese letztere Verbindung verwendet Mela auch, wenn auf zwei eng zusammengehörige

Begriffe noch ein weiterer folgt I. 55 lucos silvasque et . . .
templum, III. 1 ingens infinitumque pelagus et . . . conci-
tum, ferner que ac III. 51 nemora saltusque ac praegrandia
flumina. Correspondierende copulative Verbindungen sind bei
Mela selten. Ich habe mir notiert II. 30 longeque ortus et
tenuis (nicht sehr häufig, am wenigsten bei Klassikern) und
II. 92 maiorque ac magno satis ore pelagus accipiens (Verg.,
Ov., Liv., Curt., Tac.).

Adversative Conjunctionen hat Mela ausser sed (44 mal),
autem (13 mal), at (19 mal), verum (25 mal), ceterum (16 mal),
vero (2 mal); sed steht für autem I. 77, II. 52, 57, 87; at
für autem oder sed II. 20, 44; verum steht wie bei Tac.
nach einer Verneinung I. 57, II. 31, III. 31, 78, 98; vero =
autem II. 118. — Statt quidem (zu dem niemals das Pro-
nomon ille tritt) — sed steht im zweiten Glied bisweilen
tamen, verum, verum tamen und ceterum (II. 67 Liv., Curt.).
Abwechselung liebt Mela auch im Gebrauch der Formel
non modo — sed etiam. Denn ausser diesem, was in III. 53 und
105 steht, finden sich neque . . . modo, sed etiam I. 99;
non . . . modo, sed — quoque III. 101 (selten bei Cic., häufiger bei Liv. und Späteren); non . . . modo, verum et I. 15,
III. 52; non . . . modo, verum quoque III. 49; non . . tantum (selten bei Cic., dann bei Liv. und Curt.) — sed etiam
I. 52, III. 43 (nec tantum), sed et III. 61, 77, verum etiam
(Cic. in den früheren Reden, dann Plin. min. und Suet.),
etiam III. 27 (Liv. und Tac.). non solum — sed etiam fehlt
bei Mela. Eine ungewöhnliche Verbindung ist III. 43 silvae
alia quoque dira animalia, verum et tigres ferunt.

Zum Gebrauche der disjunctiven Conjunktionen ist für
Mela zu bemerken, dass er aut (was wie auch bei Liv. häufiger vorkommt als vel) neben vel ganz ohne Unterschied gebraucht z.B. I. 3 oriens nuncupatur aut ortus, quo demergitur
occidens vel occasus. — Für vel steht aut I. 41 vasa ligno
fiunt aut cortice. — ve hat copulative Bedeutung I. 109 ut
aliis aliisve adpositi gentibus, ita aliis aliisque dicti nominibus. — sive kommt nur in Verbindung mit quod in zwei-
maliger Wiederholung I. 53 neben vel quod vor, in einmali-

ger II. 100, mit quia und quod wechselnd III. 72. — II. 83
scheinen die Fragepartikeln ne und an für aut — aut (unde
Graecis nostrisque etiam auctoribus verine ignorantia an
prudentibus etiam mendacii libidine visum est tradere posteris) zu stehen.

Causale Conjunctionen hat Mela ausser nam und enim
noch namque, was sich seltener bei den Klassikern, öfters
bei Nep., Liv. und Spätern findet (an erster Stelle vor Vo-
calen I. 94, II. 62, III. 20, an zweiter wie bei Varro, Catull., Liv. und Späteren I. 55 und 72), sowie quippe III. 37
und 49 (Sall., Liv., Curt., Justin.).

Von conclusiven Conjunctionen finden sich bei Mela: ergo
I. 5, III. 45 (nachgest. an 2. St.), igitur I. 3 (an 2. St.),
itaque III. 19 (an 1.) und I. 117 (an 2. St. wie auch bei
Cornif., Hor., Liv. und Späteren), ideo I. 105, II. 5, 126,
III. 36, 90 (Plaut., Phaedr., Cels., Quint.) ideoque I. 47, II.
11, III. 71, 81 und et ideo I. 9, 20, 74, II. 64, 87, III. 97
(selten bei früheren Autoren, häufig im nachkl. Latein). Ueber
ideo quod und quia vergl. p. 63, über hinc, inde, unde p. 21.

Häufig ist bei Mela das Asyndeton, insbesondere das
aufzählende. Zwei Begriffe sind nur selten asyndetisch
verbunden z. B. III. 37 terra angusta aprica (est) per se
fertilis, III. 18 gentes superbae superstitiosae, III. 5 Olintigi
Onolappa, III. 15 Tritino Bellunte, I. 31 Icosium Ruthisia urbes.
Am häufigsten ist das dreigliederige Asyndeton z. B.
III. 104 citro, terebintho, ebore, I. 73 angustus asper quin-
gentorum et mille passuum, I. 84 Thymnias, Schoenus, Bu-
basius cf. I. 85, 91, 106, 107 etc., III. 75 piscium cute se
velant, carne vescuntur, praeter capita toto corpore hirsuti
(sunt), I. 117 his iustissimi mores, nemora pro domibus, ali-
menta bacae, et feminis et maribus nuda sunt capita.
4 Glieder sind asyndetisch aneinandergereiht III. 46
templum conditoribus, religione, vetustate, opibus illustre;
5 I. 13 etc., 7 I. 109 etc., 10 II. 45, 12 und 19 II. 111.

Bemerkenswerte Beispiele der asyndetischen Parataxe
der Pronomina, numeralen Adjectiva und Adverbia, die bei
Mela äusserst häufig vorkommt, sind folgende:

1) Pronomina und numerale Adjectiva: hic — ille I. 12,
27; ille — hic I. 4, 25 (und öfter). — quidam — quosdam
— quidam III. 64; alii — sunt qui — quidam I. 83; alii —
alii — pars — pars — alii — alii III. 63 (Sall., Liv.); sehr
häufig sind Parataxen wie I. 17 primo sinu — sequenti —
ultimo (cf. I. 90, II. 55), primos — post — et ultimos
I. 23.

2) Adverbia: primum — mox II. 62, 91; primo — mox
— tunc III. 16; primo — deinde I. 2, II. 73; proximo —
mox — deinde rursum II. 37; aliquamdiu — dein mox —
tum III. 9; proximi — dein III. 103 (sämtlich von
der lokalen Reihenfolge); illic — hic I. 61 (Verg., Quint.);
hic — illic II. 74 (Verg.); hinc — illinc I. 89 (Liv., Vell.,
Curt.). — nunc — nunc I. 16 u. III. 1 (in Prosa seit Liv.); ex
parte — ex parte I. 52 (neu).

Das Asyndeton adversativum einzelner Wörter habe ich
bei Mela nicht gefunden; dagegen sind Satzglieder und ganze
Sätze asyndetisch aneinandergereiht z. B. I. 14 alii alio fine
uno omnes nomine, I. 116 una gens aliquot populi et aliquot
nomina, I. 114 viri pedibus merent sagittisque depugnant;
illae equestre proelium ineunt, II. 61 interfluit Timavus
novem capitibus exsurgens uno ostio emissus, III. 86 aere
exornantur, auro vincla sontium fabricant, III. 46 Tyrii con-
stituere: cur sanctum sit, ossa eius ibi sita efficiunt.

Das explicative Asyndeton finde ich z. B. II. 12 ne foe-
dera quidem incruenta sunt: sauciant se qui paciscuntur, II.
58 de Italia pauca dicentur: nota sunt omnia, II. 19 ne
feminis quidem segnis animus est: super mortuorum viro-
rum corpora interfici simulque sepeliri votum eximium habent.
Die beiden zuletzt genannten Asyndeta finden sich neben
einander III. 102 singulari duorum fontium ingenio insignis:
alterum qui gustavere risu solvuntur in mortem, ita adfectis
remedium est ex altero bibere.

Bisweilen wechselt das Asyndeton mit Conjunctionen, so
z. B. III. 72 procellosum asperum mare, profundum et . . .
capax, III. 38 omne atrox saevum sine portibus, procellis
undique expositum ac beluis refertum et ideo minus naviga-

bile. — I. 13 Gandari et Pariani et Bactri, dann folgt eine
Reihe asyndetisch aneinandergereihter Eigennamen; I. 106
ultra Mossyni turres ligneas subeunt, notis corpus omne per-
signant, propatulo vescuntur, promisce concumbunt et palam,
reges suffragio deligunt, vinculisque et artissima custodia
tenent atque, ubi culpam meruere, inedia diei totius ad-
ficiunt.

Die Unterordnung.

Die Substantivsätze werden bei Mela durch die Conjunction ut eingeleitet a) nach den Verben convenit I. 38 convenerat, ut termini .. statuerentur; pacisci I. 38 pacti de
integro, ut ... popularibus cederet; ingerere III. 66 unde
Graecis auctoribus, ut femori Jovis insitum esse dicerent aut
materia ingessit aut error, sowie (wie auch sonst häufig) nach
facere und efficere; b) nach dem Substantivum modus
I. 114 ut nubiles habeantur non in aetate modus est (weder
bei Dräger noch auch bei Kühner zu finden).

Hierher gehören ferner die Sätze, welche durch die Conjunction quod eingeleitet werden und in welchen der Inhalt
eine Ausnahme vom Hauptsatze bildet. So steht quod anschliessend an ein vorausgehendes praeterquam III. 56, was
sich auch bei Cic. und Liv. findet; ferner folgt quod auf
praeter id I. 52 wie auch bei Quintil. 5, 10, 45; 10, 3, 6
und Plin. pan. 59 und auf nisi I. 41 nisi quod quidam lin-
guis differunt, vgl. II. 35, 123 und III. 3 (Plaut., Cic., doch
nicht in den Reden, Sall., Liv., Tac., Suet., Apul.).

Zu den Substantivsätzen gehören auch die Fragesätze,
bezüglich deren für Mela Folgendes zu bemerken ist: Einfache directe Fragen finden sich bei ihm nicht; die einfachen
indirecten sind ausschliesslich durch Fragewörter eingeleitet.
Die indirecten Doppelfragen haben als einleitende Partikeln
ne — an, welche sich auch sonst häufig finden, besonders
bei Sall., je einmal steht ne — ne — an III. 89 und ne —
an — an III. 2, — an III. 51; einmal ist zugleich eine Wort-
und Satzfrage von demselben Adjectiv abhängig III. 44 ultra
Caspium sinum quidnam esset ambiguum aliquamdiu fuit,

idemne oceanus an tellus infesta frigoribus. — Ein Beispiel
für den Moduswechsel bietet Mela I. 2. ac primo quidem
quae sit forma totius, quae maximae partes, quo singulae
modo sint atque habitentur expediam, deinde rursus oras
omnium et litora ut intra extraque sunt, atque ut ea subit
ac circumluit pelagus. — Der klassischen Zeit fremd und
erst bei Ov. und Liv. zu finden ist die Abhängigkeit einer
durch die Partikel cur eingeleiteten Satzfrage von dem Verbum efficere. Diesen Gebrauch ahmt Mela nach I. 85 cur
memoranda sit, Mausoleum efficit und III. 46 cur sanctum
sit, ossa eius ibi sita efficiunt.

Anschliessend an die Substantivsätze behandeln wir nunmehr den Gebrauch des Infinitiv bez. des Inf. c. Acc. u.
Nom. .

a) Der Infinitiv.

Von Verben, die allgemein mit demselben verbunden
werden, hat Mela: possum, queo, nequeo, scio, licet; volo;
audeo, adgredior, admoneo; sino, coepi und das seltenere in-
cipio; soleo; licet, convenit, libet und piget. Einzeln anzuführen sind: conminisci I. 65 Phoenices litteras et litterarum
operas aliasque etiam artes, maria navibus adire, classe con-
fligere, imperitare gentibus, regnum proeliumque conmenti
(wohl neu); datur I. 43 visere datur (Dichter, Sen. phil.,
Tac., Plin. min. und Kirchenschriftsteller); durare I. 72 ubi
contemplari duravere (Sil. und Lucan.); egere II. 41 indi-
cari egeant, II. 58 monstrari eget (wohl neu); est = ἔξεστι
III. 30 quorum nomina vix est eloqui ore Romano (kommt
bei vorklassischen Autoren nicht oft, bei Klassikern gar nicht,
bei Liv. nur einmal, von Lucr. ab bei den Dichtern der Kai-
serzeit und in der silbernen Latinität mehrfach vor); pro-
fiteri III. 19 profitentur scire (in gleicher Verbindung auch
bei Vitr. 63, 9; es dürfte daher nicht, wie Praun, Progr.
d. Bamberg. Gymn. 1885 p. 15 meint, die Notwendigkeit der
Ergänzung eines Reflexivpronomens anzunehmen sein), re-
spondere I. 97 responsum est sedem capessere (wohl neu,
nach Analogie des Griech.); succurrit II. 126 cuius memi-
nisse s. (nachklass. bei Plin. mai.). — Substantiva und sub-

stantivische Wendungen mit dem Infinitiv hat Mela ausser dem seit der klassischen Zeit gebräuchlichen fas est I. 57 und III. 64 sowie III. 58 adtingere nefas et pro sacrilegio habent und dem bei Cic. vereinzelt, dagegen öfter bei Sall. und Liv. vorkommenden mos est II. 12 und III. 86 folgende zum Teil neue: decus est I. 46 cum plurimis concubuisse; capitale est I. 58 ut quaedam eorum etiam per imprudentiam interemisse capitale sit (in Prosa bei Liv. zuerst, dann bei Curt. und Plin. mai.); materia est I. 1 persequi; pensum est III. 35 arcus tendere, equitare, venari; remedium est III. 102 ex altero bibere (Plin. mai.); stipendium est III. 35 ferire hostem; animus est II. 20 consolari (Verg., Ov., Val. Flacc., Sil., dann in späterer Prosa z. B. bei Suet.); famam habent II. 11 solere pro victimis advenas caedere; pro flagitio habetur III. 35 non percussisse; pro asylo est I. 117 ad eos confugisse; inter opprobria vel maximum II. 12 expertem esse caedis; votum habent II. 19 interfici simulque sepeliri. Endlich noch im indirecten Fragesatz II. 11 furari quid sit non ignorant. Adjectiva finden sich ausser den auch bei anderen Autoren mit dem Inf. verbundenen Neutra commodissimum I. 24 und II. 97, facile et solitum III. 43, laetum II. 19, liberum I. 57, mortiferum III. 98, optimum III. 64, sollemne I. 46 und 58 und necesse est I. 57 sowie dem medialen Participium paratus II. 20 folgende mit dem Infinitiv: dignus I. 1 aspici cognoscique und I. 75 habitari dignus et creditus (persönlich gebraucht wird es zuerst bei Val. Max., dann bei Sen. phil., Quint., Plin. mai., Mart. und Gell.); facilis I. 50 navigari, I. 76 perspici (der pass. Inf. bei fac. findet sich ausser bei Dichtern bei nur wenigen Prosaikern des silbernen Lateins, so bei Sen. phil. und Plin. mai.); pulcher II. 6 potari pulcherrimus (wohl neu nach Herod. 4, 53 πίνεσθαι ἥδιστός ἐστι, cf. Tzschucke II. 2 p. 40).

    b) Der Infinitiv mit Accusativ.

Diese Construction haben bei Mela 1) die verba sentiendi: video, audio; cognosco und comperio, ferner das zwar seltenere aber in allen Zeitaltern vorkommende accipio mehrmals (I. 98, II. 115, III. 47, 71) und endlich das seit Caes. gebräuchliche invenio III. 56; 2) die verba cogitandi: arbitror, censeo, credo, existimo, puto sowie der Ausdruck pro vero habent I. 26; c) die verba dicendi: addo, dico, ferner die erst seit der klassischen Zeit sich findenden v. v. affirmo, commemoro, narro, fero, refero, trado, weiter die Ausdrücke litteris mandatum servant I. 59 und addit nominis fabulam I. 27, endlich dissero III. 45 circumfusum esse, das von Sander (Progr. v. Waren 1880) aus dem ält. Sen. belegt wird. Schon von Dräger erwähnt ist memoro, das neben dem Nom. c. inf. III. 100 den Inf. c. acc. nach sich hat; d) das folgernde colligo III. 97 (Cic., Colum., Quint., Tac.); e) das v. volo und von den einen passiven Willen ausdrückenden Verben das allgemein gebräuchliche pati und das poet. und nachklassische perferre I. 38 hic se vivos obrui pertulerunt; f) die unpersönlichen Verben abscedit I. 54 a vero minimum abscesserit ortum amnem emergere und effluit III. 19 id unum effluxit aeternas esse animas (beide fehlen bei Dräger und Kühner). — Adjectiva und Substantiva mit dem Inf. c. acc. fand ich bei Mela nur je eines und zwar credibile est III. 96 und dispendium est I. 31 quae taceri (letzt. viell. neu; das Wort disp. selbst ist vulgär, vgl. Rebling p. 24).

c) Der Infinitiv mit Nominativ.

Derselbe steht bei Mela abhängig von den präsentischen Formen von videor, dicor und trador nach dem allgemeinen Sprachgebrauch. (Das Perfect von videor kommt bei ihm nur im Infinitiv vor in der Bedeutung „für gut finden" II. 83); für das Präsens steht das Perfect von dicor (und credor) III. 101 sustinere dictus est und II. 99 creditae dictaeque concurrere; statt apparet, was sich bei Mela nicht findet, braucht Mela wie auch Vitruv (Praun l. l. p. 8) videor III. 96 videri potest non alio nomine adpellari sed a barbaro ore corruptus (womit zu vergleichen ist II. 104 videri potest causas Nilum praebuisse, wenn auch hier der Acc. c. inf. steht). — Von anderen Verben, welche bei Mela

mit dem Inf. c. nom. verbunden werden, sind noch zu erwähnen: credor, was nach Dräger bei Lucr., und in Prosa
erst bei Plin. mai. vorkommt, hat bereits Mela II. 31 ut
credatur altius surgere, II. 117 creditur non se consociare
pelago und II. 99 creditae dictaeque concurrere; memoror
für welches Dräger p. 450 ausser Mela nur Cic. und Colum. als Gewährsmänner anführt, was aber nach Praun l. l.
p. 7 auch bei Vitruv zwölfmal vorkommt, I. 12, 43 und
II. 5; narror, wofür Dräger p. 454 aus der Prosa nur Stellen aus Liv. und den beiden Plin. beibringt, während es bei
Dichtern nicht vor Hor. vorkommt, I. 32 signa atque vesti-
gia esse invenirique narrantur und II. 28 secuta narrantur
etiam nemora sowie referor, was ich sonst nirgends angeführt finde, III. 37 servasse referuntur.

Bezüglich des Gebrauches der Relativsätze bei Mela ist
Folgendes anzuführen:

Die Versetzung eines Attributs aus dem Hauptsatz als
Prädicat in den Nebensatz, welche erst seit Cic. beobachtet
wird, findet sich bei Mela II. 102; hierher möchte ich auch
rechnen II. 66 flumen quod Canusium adtingens Aufidum
adpellant, II. 116 promunturium quod in Italiam vergens
Scyllae adversum est, II. 100 frons illa quae in occidentem
vergens mari adluitur, II. 125 promunturium quod in Sucro-
nensi sinu Ferrariam vocant, II. 3 nymphaeum specu, quod
in arce eius nymphis sacratum est und III. 106 signum quod
fabulae clarum prorsus ostenditur. — Die Uebertragung
eines appositionellen Substantivs, von welchem ein Relativsatz abhängt, in letzteren gestattet sich Mela nur I. 9 und
III. 72, dagegen III. 85 Meroen habent terram, quam Nilus
insulam facit (Liv.). — Verhältnismässig häufig sind bei Mela
die Beispiele für den Anschluss eines Relativsatzes an ein
gleichartiges Adjectiv vermittels der Partikel et: I. 2 opus
dignissimum et quod pretium operae absolvat, II. 54. facit
sinus qui angustis finibus et quae minus mille passibus pateant,
II. 94 ignobilia oppida et quorum mentio tantum ad ordinem
pertinet, III. 81 Pygmaei minutum genus et quod pro satis
dimicando defecit, III. 91 muti populi et quibus pro eloquio

nutus est (der Modus des Relativsatzes ist in diesen Fällen
bei Varro, Cic., Liv. und Tac. der Conjunct.; der Indicat.
erscheint erst bei den script. hist. Aug.). — Die relativische
Verbindung quod si, welche nach Dräger II. p. 517 seit Liv.
selten vorkommt, hat Mela I. 54 quod si est alter orbis. —
Für die Beiordnung zweier Relativsätze ist als Beispiel anzuführen I. 89 promunturium, quo sinus clauditur, quod altera parte alium quem Smyrnaeum vocant efficit. — Von
Relativsätzen mit restringierender Bedeutung hat Mela nur
quod potest I. 42 (der Indic. bei Plaut., Cic. und Gell.,
Dräger II. p. 527). — Finale Relativsätze finden sich II.
21 und III. 86; ein condicionaler I. 46 omnium stupro patere,
qui cum munere advenerint; consecutive Relativsätze mit
dem nach Dräger II. p. 531 seltener werdenden Conjunctiv
hat er II. 14 tempus est quo si velint in lupos mutentur,
III. 19 erant qui se immitterent und III. 50 fecunda verum
iis quae pecora quam homines benignius alant, mit dem In-
dicativ sicher nur III. 92 sunt quibus ignis ignotus fuit. — ut
vor dem causalen Relativ findet sich II. 102 ut quae ali-
quando novem regna ceperit et nunc ferat; quippe vor dem
Relativum fehlt.

Gehen wir nun zur Behandlung der Adverbialsätze über,
so ist für die temporalen Nebensätze, bez. die Conjunctionen,
durch welche dieselben eingeleitet werden, Nachfolgendes
zu bemerken: cum = wenn, zumeist die Wiederholung aus-
drückend, steht mit dem Indic. des Präsens in regelrechter
Weise I. 39, II. 19 und II. 44. Viel häufiger wird dasselbe
mit dem Perf. logicum verbunden, ein Gebrauch, der sehr
oft bei Cic., selten bei den Historikern zu finden ist (I. 50,
95, II. 81, III. 21, 28, 84, 91), aber nur je einmal mit dem
Perf. historicum (I. 63) und dem Imperf. in der Bedeutung
„jedesmal wenn" (II. 5). Auch im Gebrauche des Conjunctivus ist für Mela nichts vom allgemeinen Sprachgebrauche
Abweichendes anzuführen; den seit der klassischen Zeit
weniger, häufiger dagegen im silbernen Latein vorkommenden Conj. der Wiederholung finde ich II. 104 dum limum
subinde et praecipue cum exundaret litori adnectens auget

terras. — postquam findet sich bei M. nur mit dem Imperfect verbunden, wie bei Liv. und Tac., I. 38 postquam in eo quod convenerat non manebatur. — ubi mit einem Präsens von allgemeiner Bedeutung hat Mela in der Bedeutung „wenn" nur II. 43 ubi sine igne procul admoventur; sehr häufig dagegen mit dem sonst seltenen Perf. logicum (I. 52, 72, 73, 99, 106, II. 9, 12, 21, 30, 83, 84, III. 18, 24, 43, 65, 69, 77, 83 und in der obliquen Rede I. 54, 97), mit dem nicht weniger seltenen Plusquamperf. eine Wiederholung bezeichnend I. 60 ubi negotium exegerat, dena armatorum millia effundere solitas. — Nur je einmal finde ich das auch bei anderen Autoren seltene ut mit dem Präsens in allgemeiner Bedeutung I. 53 sinit integrum et ut est plenissimus surgere sowie simul mit dem seltenen log. Perfect III. 68 simul unum alveum fecit, fit omnium maximus. — Als Besonderheit ist noch utcumque Joniam vocant I. 86 zu erwähnen, das hier vielleicht wie auch mehrmals bei Plaut. und Hor. in zeitlicher Bedeutung zu fassen ist (Schmalz bei Müller p. 517). — dum findet sich in der Bedeutung „so lange als" I. 59 und in der Bedeutung „indem" II. 104; in der Bedeutung „bis" mit dem Conjunctiv II. 37 dum Myrtoum pelagus adtingat und III. 74 dum Aegyptum paene adtingat — donec = bis mit dem Indic. Perf. steht III. 37 von Thatsächlichem regelrecht, ebenso mit dem Conj. Imperf. III. 92; mit dem Conj. des Präsens einen Zustand beschreibend (öfter bei Plin. mai. und Tac. und auch bei Curt. vorkommend) gebraucht es Mela I. 24 donec cursus unde coeperit redeat, I. 94 donec una flamma ardeant, I. 102 donec angustos utrimque angulos faciat, I. 109 donec Riphaeis coniungantur, II. 4 donec absit und II. 63 donec eum excipiat. Eine Absicht bezeichn. der Conj. III. 43 idem efficiunt, donec profugus raptor evadat. — antequam (getrennt geschrieben II. 97 und hier regelrecht gebraucht) mit einem Präsens von allgemeiner Bedeutung steht III. 26 nudi agunt antequam puberes sint, mit dem Conj. Imperf. statt des Indic. Perf. wie häufig bei Liv. I. 66 Sidon, antequam a Persis caperetur, maxima; priusquam findet sich III. 64 mit einem

Präsens: priusquam in maciem eant, (parentes) velut hostias caedunt.

Bezüglich des Gebrauches der modalen Conjunctionen ist vor allem die mannigfache Verwendung von ita — ut zu erwähnen. Dasselbe wird nämlich nicht nur in der Bedeutung „wie — so" sehr häufig gebraucht, sondern dient auch öfter wie bei Liv. als Ersatz für quidem — tamen z. B. I. 82 ut multa oppida, sic praeter Pataram non illustria, II. 77 ut pacatis ita dissimillimis tamen, II. 123 ut fecunda ita paene pestilens, III. 18 ut ab ultimis caedibus temperant, ita nihilominus delibant; ferner hat es öfters die Bedeutung von „je — desto" I. 87 ut maiore circuitu, ita plura complectitur, III. 45 ut recentior, auctoritate sic certior, III. 51 ut longius a continenti absunt, ita magis aliarum opum ignari, I. 39 ut sol surgit, ita subinde frigidior und ut illa procedit, ita calidior, I. 94 ut lux adpropinquat, ita coire videntur, I. 20 ut inde procedit ita media praecipue in iuga exsurgens pergit und in gleicher Verbind. II. 58. Die letztgenannte Bedeutung wird bei Mela auch ausgedrückt durch quanto — tanto III. 40 (nicht quo — eo), ferner durch quanto — eo I. 95, III. 21 mit Auslassung des Demonstrativs im Hauptsatz durch quo I. 74 quo magis subitur, obscurior (cf. II. 92, III. 74, III. 101) und quantum (demittitur, amplior) I. 72, endlich durch ut quisque mit Comparativ II. 12 ut quisque plures interemerit, ita apud eos habetur eximius (nach Krebs-Schmalz p. 638 selten), vgl. II. 10. Endlich wird ut — ita für tam — quam gebraucht II. 11 ut illa durant, ita diu statam sedem agunt. — III. 103 nimmt Dräger eine Ellipse von potius an; allein die beste Handschrift bietet hier serpere potius quam ingredi. — Eine Brachylogie, wie öfter bei Liv., ist bei Mela zu statuieren III. 43 donec ad frequentiora quam adire audeant etc.. — supra quam, was Mela I. 72 bietet, findet sich nicht vor Cic. und ist auch bei Nachklass. selten, ebenso ultra quam III. 40. — Bei Vergleichung zweier Eigenschaften desselben Subjectes braucht Mela sowohl den Comparativ I. 20 longior quam latior als auch magis I. 21 vasta est magis quam frequens. — alius

quam, was sich in positiven Sätzen sehr selten findet, hat
Mela I. 18 alia quam dicta est, II. 8 alio quam desinit nomine exoritur, in einem negativen Satze I. 47 neque aliorum
quam quibus etc.; noch seltener ist aliter quam in positiven
Sätzen, dasselbe bietet Mela I. 94 aliter quam in aliis terris
und III. 61 aliter quam in aliis oris. — Nachzutragen ist
hier noch der causale Gebrauch von ut II. 16 ut multi im-
mitesque sunt, der jedoch auch sonst nicht selten ist, eben-
sowenig wie ut in restringierender Bedeutung III. 107 qua-
rum ut inter parvas opulentissimae habentur, cf. I. 34 (mit
Präpos. bei Cic. und Caes., besonders aber bei Liv. und Tac.).
Bei den Consecutivsätzen gebraucht Mela ausser dem
sehr häufigen adeo (bei Adj. und Verb.) folgende Demonstrativformen des Hauptsatzes: tam III. 62 und statt dessen
bei Adjectiven auch ita III. 28, 61 u. 63, usque eo I. 83,
II. 15, 81, III. 34, 43 und usque adeo III. 14; adeo ut im
gleichen Satze steht, wie selten bei Cic., öfter bei Caes.,
Nep. und Liv. I. 58, 114, III. 18, 28, 35; adeo nemo, was
seit Sall. gebräuchlich ist, findet sich I. 107 adeo ipsos nemo
de tam feris gentibus violat, ut. — Ausgelassen wird ut
I. 53 largius quam ripis accipi queant defluunt (dagegen
steht es regelrecht I. 74, III. 67, 95). — Anzufügen ist noch,
dass der Conj. Perf. sich auf ein historisches Perfect im
Hauptsatz bezieht III. 92 adeo placuit, ut libuerit.

Die Demonstrativformen des Hauptsatzes zu Causal-
sätzen sind bei M.: hac re I. 54 (quod), ideo III. 80, 86
(quod); (II. 43 dürfte wohl trotz der Ueberlieferung der
besten Handschrift statt extinguat wegen des folgenden allgemein anerkannten Indicativs accendit „extinguit" zu lesen
sein), I. 71, III. 22 (quia, selten vorkommend), ob id
I. 87, 99 (quod, Liv.); dagegen ist II. 48 die von Frick
festgehaltene Lesart der Handschriften „de illo" statt der
von Voss (Tzschucke II. 2 p. 226 ff.) durch Conjectur
hergestellten Emendation „Diolco" nicht zu billigen, denn
abgesehen davon, dass de illo keinen Sinn gibt, entspricht
dies auch keineswegs dem Sprachgebrauche Melas. Ferner
ist zu erwähnen I. 64 inde nomen est quod, III. 95 hinc

opinio causae fidem cepit, quod, III. 43 causa ex eo est quod
und III. 81 quos ex facto quia. — Nur einmal endlich findet
sich ein causales cum (II. 43).

In verhältnismässig sehr geringem Umfange hat M. die
Finalsätze verwendet. Von denselben ist nur je ein Beispiel
mit quo (I. 2 id quo facilius sciri possit), mit dem Demon-
strativum id (tantum) III. 48 und ohne Demonstrativ im
Hauptsatze III. 34 anzuführen.

Zu den condicionalen Nebensätzen ist für Mela Folgendes anzugeben: Statt des Conj. Imperf. findet sich der Conj. Praes.
III. 53 ut nisi prohibeantur diutius pasta dissiliant, ein Gebrauch, der auch bei Curt. vorkommt und zu welchem Vogel
in seiner Ausgabe p. 49 mit Recht bemerkt: „Die Grenzlinie
zwischen dem Potentialis und Irrealis war eben eine flies-
sende." Ferner sind zwei fast gleiche Stellen zu erwähnen,
in welchen der Condicionalsatz von einem attributiven Adjectiv abhängt II. 22 nisi amplior foret similis und II. 112
nisi maior esset Cypri similis. — Die Abhängigkeit eines
Condicionalsatzes von einem Particip des Futurs findet sich
seit Liv.; auch Mela bietet hiefür ein Beispiel III. 77 ni
Taurus obstet in maria nostra venturus. — nonnisi III. 48,
nicht getrennt geschrieben, kommt zuerst bei Ov. vor. —
Besonders hervorzuheben ist noch die Vorliebe Melas für die
Verbindung von nisi mit relativen Pronomina und Adverbien: nisi quae I. 114, nisi quorum III. 30, nisi qua I. 102,
nisi ubi I. 16, nisi unde I. 11, nisi quoad I. 11, nisi cum
III. 21 (zum Teil schon bei Liv. zu finden).

Die Concessivsätze werden bei Mela eingeleitet durch
die Conjunctionen cum II. 126 u. III. 98, etsi (c. coni,)
II. 18, quamvis I. 99 u. III. 1, quamquam I. 42 (in durchaus
regelrechter Weise); letztere Conjunction steht mit dem Coni.
III. 57 quamquam ipse non cernatur von etwas Thatsächlichem. Dagegen scheint III. 40 quamquam intuearis in
potentialem Sinne zu stehen. — cum — tum mit Conj., der
selten ist, steht in adversativem Sinne I. 115 ut cum vicina
flumina tum Mareotis tum Ponti aliqua brumali rigore du-

rentur solus aestas hiememque iuxta ferens idem semper et
sui similis incitatusque descendat.

Participia.

Das Particip des Präsens in aoristischem Sinne findet
sich bei Mela nur II. 18 redituras putant animas obeuntium.
Das Particip des Futurs, welches bei Cic. fast gar nicht,
bei Sall. und Nep. vereinzelt, sehr häufig dagegen bei Liv.
die Stelle eines Nebensatzes vertritt, hat Mela an folgenden
Stellen: III. 19 qui se in rogos suorum velut una victuri immitterent, III. 43 rabiem adpropinquantium astu frustraturus,
III. 49 propriarum rerum fidem triumpho declaraturus portat,
III. 57 ibi sol longe occasurus exsurgit, I. 24 nunc dicturo
inde est commodissimum incipere, III. 77 ni Taurus obstet
in maria nostra venturus, in beiden letzten Fällen in con-
dicionalem, in den übrigen in finalem Sinne.

Participien des Perfects der Deponentia und Passiva
im aoristischen Sinne finden sich schon bei Klassikern, werden aber erst bei Verg. und in Prosa seit Tac. häufiger.
Aus Mela sind zu erwähnen: amplexus I. 56, III. 10, arbitratus II. 116, complexus I. 19, II. 92, iaculatus II. 98, in-
fectus III. 51, operatus III. 37, solitus II. 81 und ductus
I. 108 (sich hinziehend); von diesen sind die meisten schon
bei Dräger aufgezählt. Dazu kommen noch zwei absolute
Ablative, die deshalb anzuführen sind, weil in ihnen das
Particip des Perfects und des Präsens neben einander gebraucht werden II. 38 se expandentibus progressisque terris
und III. 31 interfluentibus et saepe transgressis; endlich I. 2
noch der absolute Ablativ additis, quae in natura ... memoranda sunt, und II. 6 turbidis aliis liquidissimus defluit.

An Stelle eines Verbalsubstantivs wird das Particip des
Perfects im Passiv schon früher, besonders aber von Liv. an
gebraucht. Auch aus Mela sind einzelne Beispiele anzuführen: II. 104 in tantum mutatae causas, I. 64 servatae
Andromedae clarum vestigium cf. II. 112, I. 63 constituta
urbs, immissi Euphrates et Tigris, I. 70 fusorum Alexandro
Persarum fugientisque Darii spectator ac testis, etc..

Mit Conjunctionen verbunden kommen Participia erst seit Liv. häufiger vor. Aus Mela notierte ich mir indessen nur III. 88 quasi uncta, III. 19 velut una victuri, ausserdem III. 26 quamvis saeva hieme.

Gerundium und Gerundivum.

Das die Stelle des Prädikats vertretende Gerundivum steht bei Mela nur nach locare II. 21 und obiectare II. 29 equis mandendos obiectare advenas. — Als attributive Bestimmung findet sich das Gerundium nach folgenden Substantiven: patientia III. 27 nandi (Quint., Justin.), satietas III. 37 vivendi (neu), libido III. 91 vescendi (viell. neu), cupido (Sall.) et studium (Cic.) III. 52 prolatandi. Der Dativ des Gerundiums findet sich nirgends; häufiger dagegen ad mit Acc.; von den im Abl. stehenden Beispielen ist nur III. 81 genus, quod pro satis frugibus dimicando defecit hervorzuheben, in welchem ein modal-temporaler Abl. enthalten ist, der häufiger erst seit Liv. auftritt. — Anscheinend für das Gerundium steht der Infinitiv III, 48 putant(eas) ingeniis singularibus praeditas maria ac ventos concitare carminibus seque in quae velint animalia vertere; doch ist hier besser an die Vertretung des Verbums scire durch den Ausdruck ingeniis singularibus praeditas zu denken.

Supina.

Hierüber dürfte wohl kaum Weiteres anzuführen sein als III. 90 exploratum missus a suis und II. 66 asper accessu, Fälle, die vom allgemeinen Sprachgebrauche indessen nicht abweichen.

Der Indicativ in der Oratio obliqua.

Nicht auffallend ist der Indic. im Relativsatz III. 45 cognosse emensos, quae intererant, tandem in Germaniae litora exisse; dagegen hat Mela wie auch schon Liv. den freieren Gebrauch des Indic. statt des Conj. an folgenden Stellen gewählt I. 59 mandatum literis servant, dum Aegyptii

sunt, quater cursus vertisse sidera und II. 104 videri potest
causas Nilum praebuisse, dum limum subinde ... litori adnectens auget terras;

Schluss.

Fassen wir nunmehr das Ergebnis der Einzcluntcr-
suchung über die Syntax des Mela kurz zusammen, so ist
zu bemerken, dass derselbe im ganzen und grossen sich von
dem Sprachgebrauche seiner Zeitgenossen und der unmittel-
bar· vorhergehenden Schriftsteller, besonders des Livius, nicht
entfernt. Mit Letzterem hat er insbesondere dies gemein,
dass er, trotzdem er im Eingange seines Werkes es beklagt,
dass der Stoff sich für rhetorische Behandlung nicht eigne,
kein Mittel unversucht lässt, seiner Sprache ein poetisches
und rhetorisches Gepräge zu verleihen. Noch mehr tritt
dies jedoch im Wortschatz sowie in einzelnen stilistischen
Partieen zutage, deren Behandlung einer späteren Untersuchung vorbehalten bleibt.

Bemerkung.

S. 15 Z. 8 ist zu streichen: II. 82 abscissa proximis.

Lebenslauf des Verfassers.

Hans Oertel, geboren zu Bruckberg bei Ansbach am
31. Oktober 1852, protestantischer Konfession, Sohn der ver-
lebten Lehrerseheleute Georg Oertel und Babette, geb.
Spåth, war nach dem Besuche der Volksschule von 1868—1873
Schüler der Studienanstalt zu Ansbach und studierte hierauf
zu Erlangen und Leipzig klassische Philologie und Theologie.
1877 und 1897 unterzog er sich den Lehramtsprüfungen aus
den philologisch-historischen Fächern. Seit 1877 war er als
Lehrer thätig und zwar bis 1878 als Assistent an der Studienanstalt zu Passau, sodann bis 1885 bez. 1890 als Stu-
dienlehrer an der Lateinschule zu Kirchheimbolanden und
an der Studienanstalt zu Kaiserslautern. 1890 wurde ihm
das Subrektorat der Lateinschule zu Kusel und 1894 das
Rektorat dieser zu einem Progymnasium erweiterten Anstalt
übertragen.